蛇拳秘传绝技

孙　宁　陈洪江　著

北京体育大学出版社

策划编辑　吴海燕　文冰成
责任编辑　吴海燕
审稿编辑　苏丽敏
责任校对　李　涛
版式设计　联众恒创

图书在版编目（CIP）数据

蛇拳秘传绝技/孙宁　陈洪江著.
--北京：北京体育大学出版社，2017.12
ISBN 978-7-5644-2818-1

Ⅰ．①蛇…　Ⅱ．①孙…　②陈…　Ⅲ．①象形拳－基本
知识　Ⅳ．①G852.18

中国版本图书馆CIP数据核字(2017)第319106号

蛇拳秘传绝技　　　　　　　　　　　　　孙宁　陈洪江　著

出　版	北京体育大学出版社	
地　址	北京海淀区中关村北大街信息路 48 号	
邮　编	100084	
电　话	010-62989320	
网　址	http://cbs.bsu.edu.cn	
印　刷	北京天宇万达印刷有限公司	
开　本	710×1000　1/16	
印　张	13.5	
字　数	260 千字	
印　数	5000 册	

2018年4月第1版第1次印刷

定价：35.00元

（本书因印制装订质量不合格本社发行部负责调换）

作者简介

孙宁，山东滨州人，现为武汉体育学院体育科技学院武术体操教研室主任，曾任土耳其武术套路国家队教练，武术六段，国家一级裁判员。

2008 年毕业于武汉体育学院武术学院民族传统体育专业，获教育学学士学位。2017 年毕业于武汉体育学院研究生院，获体育硕士学位。武汉体育学院体育科技学院优秀教师，"青年教师基本功大赛"一等奖获得者。

曾多次参加全国武术套路锦标赛、全国武术套路冠军赛、全国体育院校比赛，并取得优异成绩！多年来致力于武术套路教学、训练与理论研究。

陈洪江，福建省龙海市人，现为武汉体育学院体育科技学院讲师。武术六段，武术套路国家一级裁判员，武术套路国家二级运动员，舞龙舞狮国家级裁判员。

1999 年开始在武当山习武，2009 年毕业于武汉体育学院民族传统体育专业，2014 年进修民族传统体育硕士研究生。现主要从事武术套路、舞龙舞狮技术教学和民族传统体育方向的研究工作。

　　据考，战国时期，宫廷内就出现了模拟蛇形编排而成的"蛇舞"。蛇舞可谓是蛇拳的雏形，后来为了护身制敌，人们将蛇舞融合实战技术，即演变成了武术的"蛇拳"。蛇拳归类于中国武术之象形拳种。

　　约在元朝初年，技击泰斗白玉峰编创龙、虎、豹、鹤、蛇五拳，其蛇拳
"练气柔身而出，臂活腰灵，骈两指而推按起落，若蛇之有两舌，且游荡屈折，
有行乎不得不行、止乎不得不止之意"，最为著名。明代，武术家、抗倭名
将俞大猷的俞派少林拳中，有二十一式蛇拳，"极具盘旋伸缩、柔韧灵活之巧，
收放自如、变化多端之妙"。及至清代，蛇拳的种类更进一步增多。

　　现今武林，福建蛇拳称为"南蛇法""沉静为主，柔实为要，吞吐抑扬，如蛇之节节灵通"。蔡李佛拳的高级拳二十九套中有蛇拳；云南内家七十二套象形拳中有蛇形拳；河南心意门定身拳中有白蛇吐芯十五式；河北流传有子午原始蛇形掌，演练时全身螺旋拧转；少林金刚禅自然门中有跋跎蛇拳，共七路；峨眉护山七拳中蛇拳属其一；形意拳中有蛇形，为十二形之一；田氏八卦掌中有蛇形掌……

　　蛇拳是中国象形拳的奇门绝技，"软硬兼具，变化多端；指能穿板，脚能断砖；动招出手，闪电一般；打穴击要，敌瞬伤瘫"。但鉴于蛇拳的高度杀伤力，读者一旦练成，非遇极困不得轻用！本书蛇拳属于内家秘传，首次披露，外所难见。

目　录

第一章　蛇拳基本技术

蛇拳基本技术是学练蛇拳的基础。通过基本技术的练习，可增大动作的运动幅度，增强肌肉的收缩力量，使动作完成得更加快速、有力、灵活，并可防止关节的扭伤和肌肉、韧带的拉伤，在强化自身抗击打能力的同时，还能有效地创伤敌人。本节着重介绍蛇拳手形、手法、步形、步法，以及平衡翻腾、内外功夫等。

第一节　手　形

蛇拳的手形，以掌指为主。

一、蛇形手

五指并拢，手心屈空，掌背鼓起，腕节里勾，掌指与掌背成角度。（图1-1）

蛇形手多用于点、插，易发易收，速度较快，近身主攻，短促杀伤。除打击外，还可以变化为叼拿和盖压。

图 1-1

二、蛇头手

五指向里半幅卷屈，手心含空，指节并紧，末节指骨和拳背成角度。（图1-2）

蛇头手，力用在第二指节骨，以骨棱尖冲撞敌身，自然能够缩小打出力量的作用面积，增强打击强度和硬度，并且可钻人缝隙，如咽喉、下阴等，快速灵巧，收发自如。蛇拳机敏阴毒，点穴打要，讲究"以点击点"。

图 1-2

1

三、标手

五指伸直并紧，掌尖向前，手腕挺平，掌指与掌背成直线。（图1-3）

标手也称"标掌"，不但强劲有力，攻击距离长，放长击远，杀伤度高，并且劲法变化多，除直劲刺击外，还可劈、削、切、扫、压、拍。

图1-3

四、蛇牙手

无名指、小指回扣紧握，拇指、食指、中指张开弯曲回扣成爪，虎口撑圆，犹如蛇口张开，毒牙暴露。（图1-4）

五、蛇头指

食指与中指伸直并紧，其余三指弯曲，拇指贴靠于食指旁；腕节里勾，手指与手背成角度。（图1-5）

六、蛇芯指

无名指、小指回扣紧握，拇指压在无名指、小指的第二关节上；食指、中指成剪口势。（图1-6）

图1-4　　　　　图1-5　　　　　图1-6

第二节　手　法

在蛇拳演练过程中，采用各种手形完成技击动作的方法叫作手法。

一、穿手

以右手为例，右掌自腰间转腕成掌心向上，并紧五指，以掌尖为力点，向右前侧方伸臂穿出，高约与鼻平，左掌成俯掌护于右肘内侧。左右掌穿法均相同。（图1-7）

二、插手

以右手为例，右掌并紧五指，上提至胸前，随之向右侧斜下方俯掌插出，力达掌尖，高与小腹平，左掌护于右肩前侧。左右掌插法相同。（图1-8）

图 1-7

三、切手

以左手为例，两脚开步站立，两掌上提至胸侧。然后，左掌内转成掌心向下，随之向前下以掌棱为力点斜推出，高与腹平，掌尖向右，右掌护于胸前。目视左掌。两掌切法相同。（图1-9）

图 1-8

图 1-9

3

四、拦手

以右手为例，两掌自腰间上提至右胁侧之际，右掌转腕向胁后，继向前弧形抢转，以掌棱为力点向前、向左拦于右前侧方，高与鼻平，掌心向上，掌尖向斜上方，力点在右掌棱及前臂桡侧部，左掌护于右后臂内侧。（图1-10）

图 1-10

五、格手

以右手为例，两掌自腰间交叉于腹前，随之上提至胸口，上体右转。同时，右掌向右外旋转画弧，使掌心向前，以掌棱及前臂桡侧部为力点向前作格手，掌尖向上，高与鼻平，左掌护于右肋前侧方，掌心向下。（图1-11）

六、缠手

以右手为例，格手时顺势以腕为轴，掌尖向外转，向下、向内、向上转一圈。整个掌腕及前臂有缠绕之劲。（图1-12 ～图1-14）

图 1-11

图 1-12

图 1-13　　　　　　　　　　　图 1-14

七、摇手

以手腕为轴，手掌、指尖做顺逆画圈动作。

以右手为例，屈肘竖臂，勾腕并掌成蛇形手，左掌护于腋下，然后，右掌以腕为轴，掌尖顺时针画圆，动作轻柔灵活，顺逆交替。（图 1-15）

八、摆手

摆手，即"蛇摆头势"。以右手为例，屈肘竖臂，勾腕并掌成蛇形手，然后以腕部为支点，掌尖画半弧形有节奏地左右摆动。（图 1-16）

图 1-15　　　　　　　　　　　图 1-16

第三节 步 形

步形是两腿的各种造型。步法是两腿两脚的各种运动方法，其作用是改变各种步形，以变换身体的站立位置，以便远离敌方的攻击或迫近敌方而施杀手。

一、马步

两腿平行开立，两脚间距离约三个脚掌的长度，然后下蹲，两脚尖平行向前。两膝向外撑，膝盖不能超过脚尖，大腿与地面平行。同时胯向前内收，臀部勿突出，这样能使裆成圆弧形，俗称"圆裆"。（图1-17）

要点：含胸拔背，勿挺胸，胸要平，背要圆。两手可环抱胸前，或抱腰间，或平行伸臂。重点在两腿上。

图 1-17

二、弓步

一腿向前方迈出一大步，约为脚掌的四至五倍，同时膝关节弯曲，大腿近于水平。另一腿挺膝伸直。两脚全脚掌着地，上体正对前方。左腿在前为左弓步，右腿在前为右弓步。（图1-18）

要点：前腿弓，后腿蹬；挺胸，塌腰，沉髋。

三、虚步

两脚平行开立，间距宽约脚掌的三倍，屈膝半蹲，大腿接近水平，以全脚掌着地支撑身体重量。一腿稍前伸微屈，脚面绷紧，

图 1-18

以脚尖虚点地面。上身正直，两手可随意动作。（图1-19）

要点：挺胸，塌腰，沉髋，后腿下蹲要使大腿接近水平，要做到前虚后实，虚实分明。

四、丁步

并步站立，两腿屈膝半蹲并拢，一脚掌全部着地支撑身体重量，另一脚停在支撑脚内侧脚弓处，以脚尖虚点地面，臀部下沉，挺胸立腰，收腹敛臀。左脚尖点地为左丁步，右脚尖点地为右丁步。两手可任意动作。（图1-20）

要点：挺胸，塌腰，上体保持正直。

图1-19

五、仆步

两脚左右开立，一腿屈膝全蹲，脚尖和膝关节外展，臀部沉坐，另一腿挺直平仆，脚尖里扣，两脚全脚掌着地，两掌可左右斜伸臂。仆左腿为左仆步，仆右腿为右仆步。（图1-21）

要点：挺胸，塌腰，直背，平仆腿一侧沉髋。

图1-20

图1-21

六、横裆步

两脚开步站立，一腿屈膝，大腿面与地面平行，脚尖正对前方，一腿伸直，脚尖里扣，斜向身前方。横裆步时一腿为马步、一腿为弓箭步，故有"马步与弓箭步的混合体"之说。左腿屈蹲者为左横裆步，右腿屈蹲者为右横裆步。（图 1-22）

要点：与弓步动作要求相同。

七、半马步

两脚分开，距离约脚掌三倍，屈膝下蹲。重心偏于右腿为左半马步，重心偏于左腿为右半马步。（图 1-23）

要点：与马步动作要求相同。

图 1-22   图 1-23

八、歇步

两腿交叉靠拢，屈膝全蹲，一脚在前全脚掌着地，脚尖外展，一脚在后，前脚掌着地，膝顶出并贴紧前小腿及脚掌外侧，臀部坐于后脚接近脚跟处。左脚在前为左歇步，右脚在前为右歇步。（图 1-24）

要点：挺胸塌腰，两腿贴紧，腰向前，腿拧转。

九、坐盘

两腿交叉叠拢下坐，臀部和下方腿的大小腿外侧及脚面着地，上方腿的大腿靠近胸部，两手可做蛇昂首动作。（图1-25）

要点：与歇步要求相同。

图1-24   图1-25

十、跪步

一腿屈膝跪地，膝尖外展，小腿前胫部略接近地面，另一腿略伸直，全脚掌着地，臀部略坐于屈跪腿的小腿之上。两手可做蛇形动作。（图1-26）

要点：腿形要正确，前虚后实，虚实分明。重心要稳，塌腰沉髋，蓄势待发。上下要合，配合手法，随时应变。

图1-26

9

第四节 步 法

一、穿步

1.以左势蛇形桩开始。（图1-27）

2.左脚向前滑进半步，右腿蹬力，成左弓步，右脚向前上方穿出一步，成右弓步。两掌成蛇形手随前穿步向前做交替插击动作。（图1-28、图1-29）

要点：两脚连环交替向前穿步，第一步多为虚晃，重点在随后向前的一步，动作迅速，快如闪电。

图 1-27

图 1-28   图 1-29

二、标步

一脚向前跨一步（约本人脚掌长的三倍），同时另一脚前掌用力后蹬，以加大前位脚前跨力量，随之前位脚自然向前落地，后位脚随向前之势进一步成弓步。两手以蛇形动作进攻或防守。（图1-30、图1-31）

图1-30　　　　　　　　　　　　　　图1-31

要点：后蹬脚要有力、迅速。

三、闪步

1. 以左势蛇形桩开始。（图1-32）

图1-32

2. 左脚收步于右脚内侧之际，迅速向左侧方横跨闪步。（图 1-33）

3. 动作不停，右脚紧随收提至左脚内侧并向前上进一步，成右势蛇形桩。（图 1-34）

上述为左闪步，右闪步动作则相反。左右交替练习。

要点：身随步移，灵活轻便；横跨步幅时尽量拉开一些，以此带动另一腿收闪。

图 1-33

图 1-34

四、蛇形步

1. 以左势蛇形桩开始。（图 1-35）

图 1-35

2. 右脚向前成弧形上步，脚前掌先内扣再外展。（图 1-36）

3. 左脚随之向前成弧形上步，使上步路线成弧形。如此反复。（图 1-37）

要点：上身要正直，上步时两腿保持半蹲姿势。身体重心要平稳，起伏伸屈要灵活轻快。行走中注意转腰活胯，动作连贯，以"8"字形或"S"形路线反复练习。

图 1-36

图 1-37

五、阴阳步

1. 以左势蛇形桩开始。（图 1-38）

2. 左脚经右脚弓内侧弧形向前进步，脚尖外撇，两腿扭膝交叉。（图 1-39）

3. 随之，右脚经左脚向前弧形上步，脚尖内扣。（图 1-40）

图 1-38

图 1-39   图 1-40

4.两脚按上述动作交替弧形进步,两脚走过的路线完成一个圆圈。圈子可大可小,小以八步为准,大则根据场地任意顺逆来回交叉而行。(图 1-41 ~ 图 1-43)

图 1-41   图 1-42   图 1-43

要点:阴阳步,类似走八卦阴阳鱼图形。两手以蛇形自由变换。走时两膝相抱,里脚直放,外脚里扣,两腿组成剪子形。扭腰坐胯,磨膝磨胫,脚要平起平落。

第五节　腿　法

腿法在武术技击中相当重要，有"手似两扇门，全凭脚打人"之说。蛇拳的技击虽然重点在两掌的蛇形手变化，但在腿法上也有着自己独特的一面。

一、搜裆腿

搜裆腿，也称"撩阴脚"，是蛇拳惯用的一种腿法，厉害非常。

1. 以左势蛇形桩开始。（图1-44）

2. 左脚尖外展，左腿支撑，右腿屈膝提起，随即小腿迅速用力向前弹踢，脚面绷平，脚尖向前，高约与裆部平，力达脚尖。（图1-45）

3. 右脚向前落步，左腿随之向前提起弹踢，要领与右弹腿相同。（图1-46）

图 1-44

图 1-45

图 1-46

要点：上提、踢击动作要连贯、迅速，力达脚尖。支撑腿膝部略屈，以利身体重心的平衡。

二、拦路腿

拦路腿，也称"门槛脚"，是一种踩、蹬相混的低腿法，常令敌迷惑，杀伤力极强。

1. 右膝外展提起，脚尖上勾外撇，随即向前踩出，力达脚跟，高约与膝部平。同时，右掌护腰，左掌前伸。（图1-47）

2. 右脚向前落步，左腿提起，向前踩出，动作要领与右踩脚相同。（图1-48）

图1-47   图1-48

要点：支撑腿要稳，踩脚要突然。两腿交替反复练习，也可以踩蹬树桩练习发力。

三、点腿

点腿，也称"高弹腿"，是以脚尖为力点攻击敌方咽喉、面部为主的腿法。

1. 左膝向前提，随即左脚尖绷直向前上方弹踢而出，高与额平。两掌护于胸前侧。（图1-49）

2. 左腿以膝关节为轴快速弹回落地，独立支撑全身。同时，右膝前提，绷直脚尖向前上方弹踢而出，高与额平，力达脚尖。（图1-50）

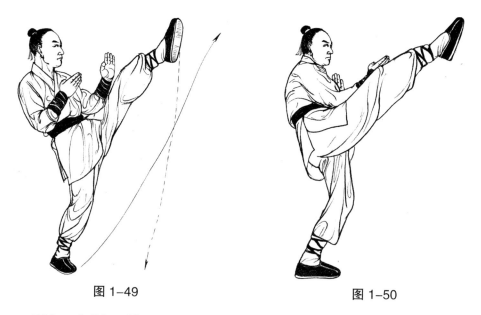

图 1-49   图 1-50

要点：出收腿要快速有弹性，弹踢的位置要准。两腿连环交替弹踢。

四、扫腿

扫腿，也称"扫堂腿"，是攻击敌方脚跟部的一种腿法，运用得当可使敌立倒。

1. 前扫

左腿屈膝下蹲，两掌下落按于裆前近左胯地面。同时，右腿伸膝仆地，脚尖内扣，脚掌贴地向左前弧形扫转约 180 度。（图 1-51）

2. 后扫

接上动。重心移到右腿，屈膝全蹲。同时，左腿伸膝仆地，脚掌贴地随身体左转向后弧形扫转约 180

图 1-51

度。两掌移至右脚前地面。（图1-52）

要点：拧腰、俯身、推地、扫转要连贯，上下肢动作不要脱节。

五、鸳鸯腿

两腿连环交替撩踢、旋踢，有如鸳鸯成双形影不离而得名。

1.右脚向左脚后侧方插步；随之，左腿向左后上方撩踢而出，脚底向上。上体向右侧倾保持身体平衡。（图1-53）

图1-52

2.动作不停。左脚向左后侧方收落之际，上体左旋，右脚蹬地跳起，勾紧脚尖向左前上方里合踢出，高约与额平。两掌左右分展以利身体平衡。（图1-54）

3.右脚随左转体落地，再进行第二次撩旋练习。

要点：撩腿与里合旋踢腿须连贯进行，不可脱节。

图1-53

图1-54

六、旋风腿

旋风腿，身体急速旋转卷地而起，如旋风状，遂得其名。踢时身体腾空旋转一周，由外摆腿与里合腿组合而成。与鸳鸯腿有相似之处。

1.两腿开立，身体右转稍向前倾俯，同时右腿屈膝，左腿伸膝，脚尖内扣；右臂随之向右侧上抢摆，左臂右摆横于胸前。（图1-55）

2.右脚蹬地向上纵起，同时，左腿屈膝提起向左后上方摆动，上体随之向左上方拧转，两臂向左上方用力抢摆。（图1-56）

图1-55

3.右腿蹬地腾起伸直，上身借势向左翻转，脚掌内扣贴面里合。身体在空中转动约270度时，左掌于头左上方拍击右脚掌。（图1-57）

拍击后，身体继续旋转至360度，两脚依次落地。

图1-56

图1-57

要点：起跳时，随前脚掌碾转地面，要积极摆臂、拧腰，使踝、膝、髋关节充分蹬伸；空中动作要敛臀、立腰、头上顶，身体的旋转不得少于270度；落地要用前脚掌先接触地面，膝关节微屈。其练法可分原地、上步、助跑三种。

七、一字腿

一字腿，也称"一字马"，是蛇拳惯用的一种腿法。在武术基本功中常叫作"劈腿"。

1. 右腿独立，同时，左腿直伸向正前上方踢出，高过头顶。两手握拳置于胸腹之前。（图1-58）

2. 重心前压，左腿伸直勿收，落地贴于地面，脚尖上翘。右腿后伸，以大腿内侧、脚背贴于地面，两腿伸展成一字平地。同时，两臂侧平举，展臂成一字平肩，挺腕立掌。目视前方。（图1-59）

图 1-58

图 1-59

要点：挺胸、立腰、沉髋、挺膝，两腿伸直；前后劈腿成一直线，臀部和两腿均要着地。

第六节　平衡法

平衡法是蛇拳运动中不可或缺的基本功夫。稳定性的好坏，造型的优劣，都将接影响蛇拳演练的技术效果，以及技击实战中的攻防效果。

所谓平衡法，是指一腿独立，另一腿提起做成各种造型。一般分为持久性平衡和非持久性平衡两大类。持久性平衡要求平衡时间必须保持在两秒钟以上；非持久性平衡则没有时间上的限制。要做好平衡法，不仅要求髋部、腰部筋节有较好的柔韧性，而且要有较好的肌肉控制力和持久力。

一、提膝势

右腿伸直独立，左腿屈膝在体前尽量向上提起，脚尖向下，脚背绷紧扣于右大腿前。同时，右手在头前上方抖腕成亮掌，左手在体左侧成勾手，指尖向下，高与肩平。目视前方。（图1-60）

要点：支撑腿要伸直站稳，提膝要高过腰部，小腿向里斜垂，脚背绷平，内收，并注意挺胸、收腹、两臂伸直。提膝、两掌动作要协调一致，同时完成。

图 1-60

图 1-61

二、燕势

左腿伸直独立，右腿屈膝提起，脚尖向下，两臂交叉于胸。随之上体前俯，略高于水平，抬头、挺膝、展腹。右腿伸直向后上方抬起，脚面俯紧。同时，两掌向两侧分开平举。目视前方。（图1-61）

要点：两腿均要伸直，支撑腿要站稳，后举腿要高于头；要抬头挺胸使身体成反弓形，并注意俯身、举腿和分臂动作协调一致。

三、探海势

右腿伸直独立，左腿屈膝提起，脚背绷紧；同时，两臂在胸前交叉。随之，上体前俯，略向下倾，左腿伸直向后上方举起，脚背绷紧，右掌插向前下方，左掌摆向后上方。目视右掌。（图1-62）

图 1-62

要点：支撑腿要伸直站稳，后举腿伸直要高于头部，上体前探要保持挺胸抬头。探身、举腿和插掌动作要协调一致。

四、仰身势

并步正身直立，随之右脚向前半步，身体重心前移，上体后仰，接近水平，左腿伸直，向上举起，高过水平，脚背绷平。同时，两臂在体侧平举，两掌心向上。目视上方。（图1-63）

要点：支撑腿要伸直站稳，脚尖稍外展以增强支撑腿的稳固性。前举腿要伸直尽量上举，并与仰身动作协调一致。

图 1-63

五、望月势

两腿并步屈膝半蹲，两掌交叉于胸前。随之，左腿伸直，上体前倾拧腰向右侧上翻，右腿向右侧上方摆起，小腿屈收，脚背绷平，脚底向上。同时，两掌向下、再向左右两侧分开成亮掌。左掌高于头，成屈臂亮掌势；右掌低于腰，

直臂伸于右腿前侧方。目视右侧前下方。（图1-64）

要点：支撑腿要站稳，要挺胸、塌腰，上体尽量拧腰右转，右腿尽量屈膝向上后举。注意上体前倾右转、亮掌、转头动作协调一致。

六、盘腿势

两腿并拢，屈膝半蹲，两臂在胸前交叉，上体稍前倾。随之，右腿屈膝半蹲，左腿屈膝上提，使踝关节外侧盘放在右大腿膝部上方。同时，两掌向左右分开成亮掌，左掌高于头，右掌低于肩。目视右侧方。（图1-65）

要点：支撑腿要使大腿接近水平。盘腿时髋关节外展，使盘起的腿接近水平。同时要挺胸、塌腰、收腹、落臀。

图1-64　　　　　　　　　　图1-65

第七节　翻滚法

蛇拳中的跌扑翻滚，是难度较大的动作，它不但丰富了拳路演练内容，为其增彩不少，同时也增强了技击效果。通过跌扑翻滚练习，不但能全面地发展练习者的速度、力量、灵敏度、柔韧性和协调性等身体素质，而且能够培养坚韧不拔的意志，还能提高人体前庭器官的稳定性，增强练习者抗击打的能力。

一、抢背

1.并步正身直立,双脚蹬地跳起,左腿随之向后上方摆起。同时,上体前俯,低头团身,含胸收腹,两手自然收放体前。（图1-66、图1-67）

图 1-66

图 1-67

2.动作不停。身体依次以肩、背、腰、臀着地向前滚翻。然后迅速起立。（图1-68）

要点:跃起后,身体要尽量卷屈、低头、含胸、收腹。滚翻时,头部不要着地,要以肩、背、腰、臀依次着地,轻松圆活地向前滚翻。起身迅速,并站稳。

图 1-68

二、后滚翻

1. 两脚并拢，屈膝半蹲，上体前倾团身，两掌按于脚尖前地面。（图1-69）

2. 身体重心下降，团身后倒，先以臀部着地，然后依次以腰、背着地向后滚翻。（图1-70）

3. 动作不停。当翻至头部着地时，两手撑地推起立身。（图1-71）

要点：向后滚翻时，要始终保持低头、含胸、收腹。滚翻要轻松圆活，起身要迅速并站稳。

图1-69

图1-70

图1-71

三、侧空翻

1. 由并步正身直立开始。左脚向前一步，左腿稍屈；同时，身体前倾，重心前移，两臂屈肘下落，自然收放体前。（图1-72）

图1-72

2. 动作不停。左脚猛力蹬地跳起；同时，提腰右腿伸直，用力快速向后上方摆起，两臂配合腿部动作，向后上方提起。身体在空中，两腿伸直分开成倒立姿势。（图1–73）

3. 随之，身体在空中继续翻转，迅速拧腰、收髋，右腿积极下摆并向左转体180度。（图1–74）

4. 右脚以脚前掌领先着地，过渡到全脚掌着地，并注意屈膝、收髋以缓冲下落时身体重力。随之落地。（图1–75）

图 1–73

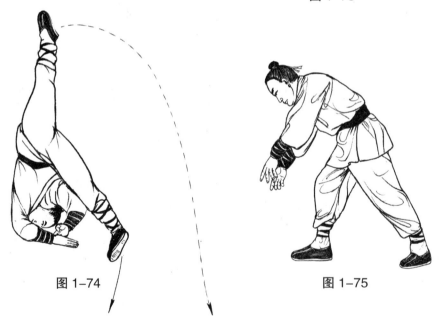

图 1–74

图 1–75

要点：腾空要高，翻转要快，两腿要直，落地要轻。

四、鲤鱼打挺

1.身体仰卧平躺在地面上，两掌放于体侧。（图1-76）

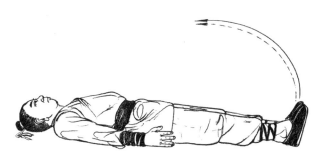

图 1-76

2.两臂弯曲、夹肘，两掌在两耳旁撑地，收腹屈体，两腿伸直向后上方举起，臀部上抬，以两手和肩背部支撑地面。随后快速展髋、挺腹，用力向上、向前、向下鞭打振摆；同时，两手用力推撑地面，伸髋挺腹。两腿继续加速下打，使两脚支撑点落在身体重心稍后侧，两脚一着地，即挺身立腰，抬头跟肩，两臂上举站稳。（图1-77、图1-78）

图 1-77   图 1-78

要点：屈体收腹举腿时，臀部要上抬。举腿后不要停顿，立即伸髋展腹加快速度打腿。落地时，两脚的支撑点要落在人体重心稍后侧，以便挺身起立。

五、乌龙绞柱

1. 分腿平坐，两手下按。（图 1-79）

2. 上体左转侧倒，两手至体左侧扶地，右腿前伸，左腿稍屈。（图 1-80）

3. 右腿向左大幅度用力平扫；同时身体后仰，右手离地闪让右腿。（图 1-81）

4. 右腿继续向右扫摆过面而起时，左腿随之划圆上摆至与右腿交叉；同时上体仰跌于地面。（图 1-82）

5. 两腿继续向右顺向拧绞，其弧度逐渐减小，脚的高度逐渐上升；同时上体随之左转领起，臀、腰、背依次离地以右肩臂支撑。（图 1-83、图 1-84）

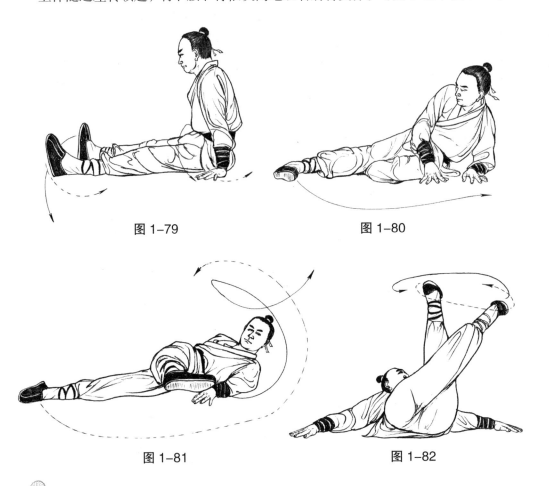

图 1-79　　　　　　　　　　　　图 1-80

图 1-81　　　　　　　　　　　　图 1-82

6.两腿并拢，同时右手推地撑起以手倒立。（图 1-85）

7.右、左脚依次落地立身。（图 1-86）

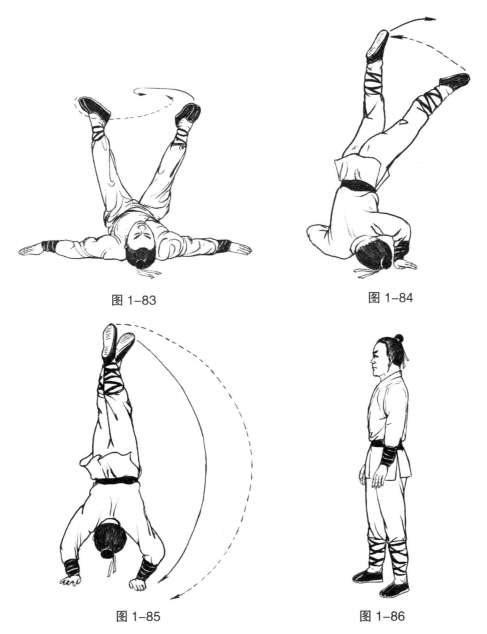

图 1-83

图 1-84

图 1-85

图 1-86

要点：两腿的扫摆和上绞动作必须敏捷、快速、连贯。上绞时，腰部要用力挺直，并迅速后翻。

第八节　蛇拳内家秘功

本书所录蛇拳乃内家秘传，不但注重南派的技击手法、北派的腿法，更注重内外双修的功法。招术再精，动作再华丽，若无功力为基础，遇敌使招，虽可手手中敌要害，而无杀伤之力量，必如隔靴搔痒。所以，一定要勤修内家蛇拳秘功，一旦练成出手便可洞肉折骨，制敌于举手投足之间。

本功以内功为主，外壮为辅，层层秘练，软硬兼具。

一、调息

蛇拳内功的调息法，采用的是自然呼吸和潜呼吸法两种。初学者宜用自然呼吸法，当练习纯熟，即可逐渐过渡到潜呼吸。不过，自然呼吸时也要求深长、柔和、平静，这是蛇拳内功调息要求精神内守、气沉丹田和动作如蛇般柔顺灵活所必需的，通过一段的时间锻炼即可掌握。

另要指出的是，练习蛇拳内功，尤重在平静放松状态下的调息。因为，当人体在安静状态时每分钟吸进的氧气约有 1500 毫升，其中被呼吸肌消耗的量很少，几乎大部分被输送到人体各部，供众多的组织器官使用。然而，当人体处于紧张状态时，呼吸就频繁、加快，原先供给各组织器官使用的氧被呼吸肌所占用，这样势必使脑部产生少氧缺氧和组织器官的少氧缺氧，于是身体的疲劳乏力也必然出现。与此相反，安静状态的呼吸在呼吸肌和各组织器官，包括大脑在内，对氧的消耗不多。而进氧多，对活跃各组织器官、促进血液循环和促进新陈代谢都有积极作用。

与自然呼吸不同的是，潜呼吸是一种以使腹部稍微起伏的绵、长、深、静的呼吸方法。潜呼吸也不同于顺、逆两势的腹势呼吸法，后两者较注重于腹部的起伏。潜呼吸是在绵、长、深、静上下功夫的，这种呼吸法对抑制神经中枢的紧张起较大作用，而且有按摩内脏促进肠胃蠕动与助消化吸收功能。

潜呼吸法能大大减少呼吸肌和各组织器官的耗氧量，但同时又能促进血液循环与新陈代谢，配合动静锻炼方法，终使人体机能得到加强和处于"内隐"态。这种呼吸法，是蛇拳内功独特的锻炼方法。

在练习蛇拳内功时，切不可盲目搬用注重腹部起伏的顺腹势或逆腹势呼吸。运用自然呼吸法能容易和顺利地过渡到绵、长、深、静为要求的潜呼吸法。

二、运气

（一）灵蛇弄球

1. 两脚并步自然站立，两膝略松屈，两掌垂于体侧。精神内守，思想集中，呼吸自然。（图1-87）

2. 左脚横开一步，两脚距离约与肩同宽。然后，松腰沉下，两掌自体侧向前缓缓升提至与胸平（拇指尖与肩窝相对），掌心相对，十指略屈似抱球状，沉肩坠肘。（图1-88）

图1-87　　　　　图1-88

3. 继续提升至与肩平时，相合于咽喉前侧，掌尖相对，掌心向下，掌心之间似握球状。（图1-89）

4. 沉腰牵动两掌以圆弧由上旋下至胃脘前，两掌心向上。（图1-90）

图1-89　　　　　图1-90

5. 接着，向左侧略转腰约45度，重心随腰移动。同时，左掌向左上弧形移动至约与肩平，虎口对肩头，掌心向右斜前方，右掌向左移动至左腹角前侧，掌心向上，掌尖向左，两掌有抱球之意。（图1-91）

6. 动作不停。右掌弧形上移至左肩齐之际，经胸前向右弧形移动至右肩前侧，掌心向左斜前方，虎口对肩。同时，左掌旋转下移，弧形移向右腹角前侧，掌心向上，掌尖向右，两掌有抱球之意。（图1-92）

图1-91　　　　　　　　　　图1-92

7. 接着，右掌向前下移动至小腹丹田前，掌心向上，掌尖向左；左掌旋转成掌心向下，高与肚脐平，掌尖向右，掌心向下，两掌如抱球。（图1-93）

8. 两掌以抱球状揉动9次。放下双掌，自然垂于体侧，收左脚，与右脚并步正身直立，调匀呼吸。（图1-94）

图1-93　　　　　　　　图1-94

（二）银蛇伸腰

1.接前势。两脚并步站立不变，两掌自体侧向上缓缓上提展臂，成一字平肩状，两掌尖向外，掌心向下。（图1-95）

2.两臂屈肘内收，后臂夹紧腋部，肘尖向下，两掌屈腕收至肩前外侧似蛇形掌，掌尖向外，掌心向下。（图1-96）

3.伸展两臂。（图1-97）

一伸一缩连续练习九遍。

图 1-95

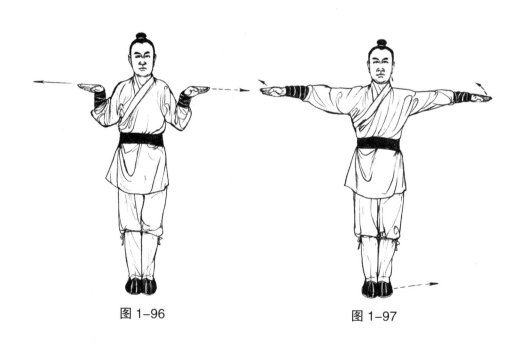

图 1-96　　　　　　　　图 1-97

4. 左脚横开一步，两脚距离略比肩宽。上体略左转，两臂左右伸展，挺腕立掌，右低左高。目视右掌。（图1-98）

5. 两臂屈肘内收，后臂夹紧两腋，肘尖下垂；两掌立于肩前外侧，掌尖向上，虎口对肩。（图1-99）

6. 伸臂推掌。（图1-100）

按上述动作一伸一缩练习九遍。

图 1-98

图 1-99

图 1-100

7. 两臂伸展不变，上体左转。目视左掌。（图 1-101）

8. 练习右侧两臂伸缩动作九遍，与上述右侧练法相同，唯方向相反。（图 1-102、图 1-103）

9. 收左脚成并步直立，两掌下落垂于体侧，调匀呼吸。（图 1-104）

图 1-101

图 1-102

图 1-103

图 1-104

（三）灵蛇戏水

1. 接上势。两掌内收于小腹丹田前，十指相叉，掌心向下。（图1-105）

2. 两掌沿身前上提于头顶，掌心近头顶百会穴约一平拳距离。两肘屈，肘尖向外。（图1-106）

图 1-105　　　　　　　图 1-106

3. 上体向左倾，腰部侧弯，身体成半弧状。（图1-107）

4. 上体向右倾，腰部侧弯，身体成半弧状。（图1-108）

按上述动作连续练习十八遍。

图 1-107　　　　　　　图 1-108

5. 以腰为轴，先向左侧俯身。同时，两掌自头顶向左侧下弧形下落，掌心向里。（图1-109）

图 1-109

6. 随腰部运转，两掌相叉从左向右、向上画弧升至头顶，上体随之伸立。（图1-110）

上述两动练习九遍。

7. 以腰为轴，上体向右侧俯身。同时，两掌自头顶向右侧下弧形下落，掌心向里。（图1-111）

图 1-110

图 1-111

8.随腰部运转，两掌相叉从右向左、向
上画弧升至头顶，上体随之伸立。（图1-112）
　　上述两动练习九遍。

图 1-112

9.松沉腰部，两腿屈膝略蹲，臀部下沉。同时，两掌自头顶向前下落于体前，
掌心向里，置于两膝前上侧方，略与裆部平。（图1-113、图1-113侧面图）
　　姿势定位后，两掌向内上收，经小腹、脐、直至胸前；再向前、向下弧
形下落至起势位。两掌运动形成一大圆形，重复练习九遍。

图 1-113

图 1-113 侧面图

10.两掌向前、向上弧形划至胸前，再沿腹前弧形下落至起势位。两掌运动形成一大圆形，重复练习九遍。（图1-114、图1-114侧面图）

图1-114　　　　　　　　　　　图1-114侧面图

11.两掌叉指，下落于丹田前，掌心向里。（图1-115）

12.头部左转约90度，两目尽量向左后视。（图1-116）

13.头部向右转约180度，两目尽量向右后视。（图1-117）

上述转头动作，一左一右各练九遍。

图1-115　　　　　　图1-116　　　　　　图1-117

14.松开两掌，后收贴于腰部，掌心向后。以颈部为轴，逆时针转动一圈，再顺时针转动一圈。顺逆各练九遍。（图 1-118 ~ 图 1-123）

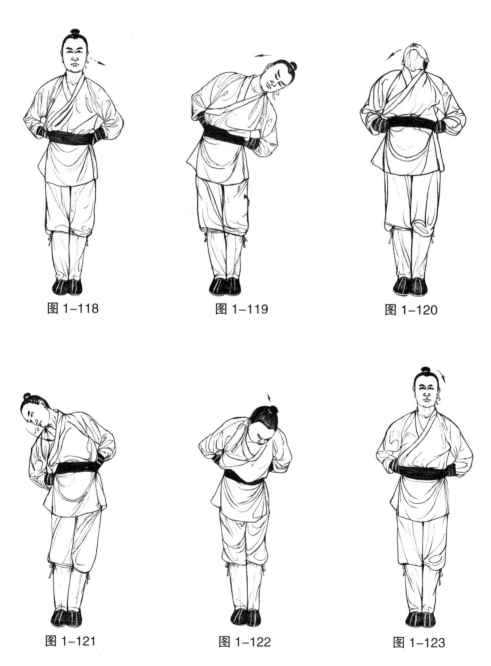

图 1-118　　　　　　　　图 1-119　　　　　　　　图 1-120

图 1-121　　　　　　　　图 1-122　　　　　　　　图 1-123

15. 两手贴腰不变。松沉腰部，头部带动身体向后仰，从约 25 度过渡到 45 度。（图 1-124、图 1-124 侧面图）

图 1-124　　　　　　　　图 1-124 侧面图

16. 接着，立起身，以腰为中点，上体前俯，从约 45 度过渡到 90 度，双膝挺直，头部略向上抬仰。（图 1-125、图 1-125 侧面图）

17. 按上述动作，后仰、前俯各练九遍。然后还原。（图 1-126）

图 1-125　　　　　　图 1-125 侧面图　　　　　　图 1-126

18.两掌背贴于腰部不变。
左脚横开一步，两脚间距约与
肩同宽。（图1-127）

图 1-127

19.沉腰，提起右脚，以脚跟为力点，向体后斜蹬，脚尖向下，高约与左
膝平。（图1-128）

20.收回右脚。提起左脚，以脚跟为力点，向身后斜蹬，脚尖向下，高约
与右膝平。（图1-129）

图 1-128

图 1-129

21. 按上述，两腿交替向后斜蹬各练九遍。落步，放下双掌垂于体侧。（图1-130）

22. 松沉腰部，右脚向右斜前方上一小步，脚跟着地，脚尖上翘，左腿略屈蹲，右腿略伸直，成右虚步。同时，两掌缓缓向前上提起，屈肘竖臂于胸前，掌心向前，掌尖向上。（图1-131）

图1-130　　　　　　　图1-131

23. 弯腰约45度，两掌随之下降于右膝前上侧，掌心向下，掌尖斜向前下方。（图1-132）

24. 随之，上体继续向前下俯，双肘下沉，坐腕竖掌，掌心向前，掌尖向上。（图1-133）

接着，随腰上升，两掌向前上弧形提至胸前，动作如图1-131。一升一降，双手画圆运转，循环练习九遍，再逆方向循环练习九遍。

25. 退回右脚，上左脚，练习左势，练法与右势相同，唯方向相反。（图1-134～图1-137）

图1-132　　　　　　图1-133　　　　　　图1-134

图 1-135　　　　　　图 1-136　　　　　　图 1-137

（四）白蛇拜月

1.接上势。左脚收拢，并步正身直立；两掌内收于丹田前合掌，掌尖向下，虎口向前。（图 1-138）

2.上体向前俯，弯腰约35度至45度。同时，合掌随俯身转腕成掌尖向上，高与胸平。（图 1-139）

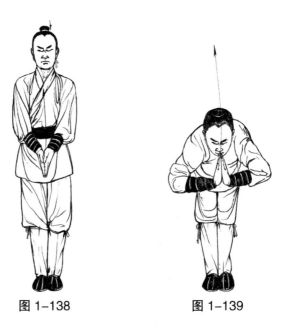

图 1-138　　　　　　图 1-139

3. 松沉腰部，牵动双掌缓缓往前弧形似升至百会穴之上。身体随腰提上又后仰，脚跟虚浮，全身松紧，仰面望天空。（图1-140）

4. 随后，松肩沉腰，身体站立，两掌相叠于头顶，左掌心贴右掌背，左上右下，两掌心向下，正头颈，目视前方。（图1-141）

图 1-140　　　　　图 1-141

5. 身体前俯，腰牵动两手下降至膝前。（图 1-142）

6. 两掌左右分开舒展成一字平肩，身体随腰提起而站立。（图 1-143）

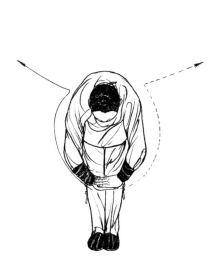 

图 1-142　　　　　　　图 1-143

7. 两掌落下，挺腕收肘，置于两腰际，掌心向下，掌尖向前。（图1-144）

8. 左掌不动；右掌变单指掌（食指伸直，其余四指屈），食指沿体中线向鼻子垂直往上缓缓升至前额，又至百会穴旁。（图1-145）

图 1-144　　　　　图 1-145

9. 右手中指沿面鼻身正中线下降回至腰际。随之，左手食指向鼻子垂直往上缓缓升至前额，再至百会穴旁。（图1-146）

10. 随腰转动，左手沿面鼻身正中线降回到腰际。左右循环，交替升降。以上动作练习九遍。（图1-147）

图 1-146　　　　　图 1-147

（五）双龙斗珠

1. 接上势。左掌不动，右掌向右侧伸展约90度，与肩相平。（图1-148）

2. 右掌转动手腕由里向外，牵动脐下丹田转动，弧形经丹田收回腰际。如此循环练习九遍。（图1-149）

3. 练习左手，动作与右手相同，唯方向相反。循环练习九遍。（图1-150、图1-151）

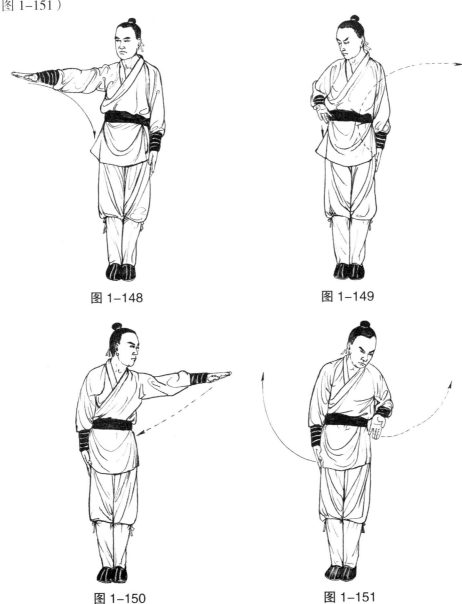

图1-148　　　　　　　　　　　　图1-149

图1-150　　　　　　　　　　　　图1-151

4.两掌左右分展成一字平肩，掌尖向上，掌心向外。（图1-152）

5.沉腰牵动两掌,各自略向后分开、下降至约与膝平,掌心向下。（图1-153）

图1-152   图1-153

6.两掌上升到胸前会合，掌尖外展，掌心略向斜前上方，有如双掌托抱下颌姿势。（图1-154）

如此一沉一升，手带动肘、臂画大圆形，循环练习九遍。

7.变成展臂势，继沉腰牵动两掌弧形下落相会于丹田前,掌心向前斜上方，掌尖向前下方。掌心有捧珠之意。（图1-155、图1-156）

图1-154   图1-155

8. 身体上升站立（注：这里的站立，不是站直挺立，双膝仍有稍屈），然后再沉腰，牵动两掌上升至胸前；继将两掌各自转里，再转外，降下至两膝上，掌心向前。（图1-157）

之后，双手随伸腰缓缓升至胸前会合。如此循环沉升，练习九遍。

图 1-156

图 1-157

9. 两掌展臂成一字平肩，掌尖向上，掌心向外。然后，松沉腰部，牵动两手指，由外转里似球形旋转，以手指带动脐下丹田运转，循环练习三十六圈。（图1-158）

10. 双掌放下，垂于体侧。（图1-159）

图 1-158

图 1-159

（六）飞蛇游空

1. 左脚横开一步，两脚间距比肩宽，屈膝半蹲成马步。同时，两掌变拳抱于腰际。（图1-160）

2. 松沉腰部，牵动右拳随腰动伸向左胸前外侧。（图1-161）

拳心由里转外，松开小指、食指，再松中指。

3. 转动腰部，由左旋右，右拳握紧回归腰际。同时，左拳随腰动伸向右胸前外侧，练法与右拳相同。（图1-162）

循环交替，左右拳各做九遍。

图 1-160

图 1-161

图 1-162

4. 松沉腰部，右拳变掌，左拳握紧收回腰际，同时，牵动右掌前上提升，与耳垂相平，掌尖向上，掌心向左。（图1-163）

5. 起左掌，两掌心相对，如抱球状。随即转动腰部，牵动双掌，忽左忽右，运球旋动，练习十八遍。（图1-164）

图 1–163   图 1–164

6. 紧接着，由丹田牵动两掌垂下至腹前，做快速一进一出的推动，重复十八遍。（图 1–165、图 1–165 侧面图）

7. 收左脚并步，正身直立，双掌放下，垂于体侧。（图 1–166）

图 1–165   图 1–165 侧面图   图 1–166

（七）金蛇戏水

1.接上势。左脚横开一步，屈膝半蹲成马步。同时，两拳收抱于腰际。目视前方。（图1-167）

2.两拳变掌，收至腹前变掌心向下，向右侧画弧。再向前，向左画弧，至左侧方。（图1-168、图1-169）

3.两掌翻转成掌心向上。（图1-170）

图 1-167

图 1-168

图 1-169

图 1-170

4．两掌收回腰际抱拳。然后左旋转画弧，动作与右旋转画弧相同。左右循环练习十八遍。

5．两拳由腰际圆旋至胸前，两拳平行，拳心向下，右拳在上，左拳在下。（图1-171）

以丹田为轴心和动力，牵动两拳圆形上下绕转九圈。然后，向反方向绕转九圈。

图 1-171

6．收两拳抱于腰际。（图1-172）

7．右拳变掌，掌心向上，由腹前向左膝外侧伸出。继旋转成掌棱向外，虎口向左后侧方。（图1-173）

图 1-172

图 1-173

8. 动作不停，右掌向前外画弧收回右腰际变拳。同时，左拳变掌，掌心向上，由腹前向右膝外侧伸出；继旋转成掌棱向外，虎口向右后侧方。（图1-174）

图 1-174

9. 左右掌循环动作，各练习九遍。然后，收左脚并步正身直立，两掌垂于体侧。（图1-175）

（八）金蛇戏球

1. 右脚向右斜前方上一步，脚跟着地，脚尖上翘，两膝略屈，右虚左实。同时，两掌向前上提，高与下巴平，两掌心相对，如抱球状。（图1-176）

动作定形后，两掌进行揉球运动。先右掌旋上、左掌旋下，滚动球状练习九遍。然后再反向滚动九遍。

2. 收回右脚，左脚向左斜前方上步，成左虚步势揉球。练法与右虚步势相同，唯方向相反。（图1-177）

图 1-175

图 1-176

图 1-177

3.左脚收步于右脚内侧，并步正身直立，两掌垂于体侧，目视前方。（图1-178）

（九）银蛇脱壳

1.接上势。两掌由体侧向前缓缓上提至胸前，掌心向上，掌尖向前。（图1-179）

图1-178

图1-179

2.随腰转动，两掌各自经腋下向腰后沉降，至两膝外侧，掌尖向下，掌心向外。（图1-180～图1-182）

图1-180

图1-181

图1-182

3. 两掌迅即旋上，身体随腰缓缓上升站立，两掌至胸前平托，掌心向上。（图1-183）

4. 身体向右侧弯腰；膝微屈；左掌向上旋转至前额之侧，掌心向外；右掌向下至膝外侧，掌心向外。（图1-184）

5. 松沉腰部，牵动左掌缓缓下降至右膝外侧、右腕背部，掌心对右腕背。（图1-185）

图1-183　　　　　　　图1-184　　　　　　　图1-185

6. 随后转左侧练习，练法与右侧相同，唯方向相反。（图1-186～图1-189）

7. 放下双掌，垂于体侧。调匀呼吸。全功结束。（图1-190）

图1-186　　　　　　　图1-187

图 1-188

图 1-189

图 1-190

三、插砂

先备木桶或木箱一个，内径在尺半（一尺为 50 厘米）以上，深尺余即可。另再备赤豆或绿豆及铁砂若干。练前须将手指甲剪净。

1. 将豆倒入桶内至八成满。练者马步立于缸前，身离木箱半尺之距，两掌平胸，掌心向内，掌尖向下，缓呼缓吸，气贯丹田。（图 1-191）

2. 右掌迅疾插入箱中，同时呼气，以气发力。（图 1-192）

图 1-191

图 1-192

3. 右掌提起，同时左掌迅疾插入箱中。（图1-193）

初练时，插掌的速度不必很快，要求稳健，并以意将丹田之气引到插入之手指端。两手插入的深度，也应由浅至深。练久之后，即可加入铁砂。

初练之时，手指发烫，手掌发热，或伴有脱皮、青肿现象。因此，每次练习前后，练习者可选用药水洗泡（药方自择），来避免掌指损伤。也可在铁砂中拌入活血化瘀的药物。

此功练成之后，指力无比，掌力奇大，对敌擒拿便能伤筋断骨，点穴打穴敌立有性命之虞。故有此功者，不可随便出手。

图 1-193

四、点石

初时，取黏质之土若干，加胶水拌和，入臼捣之，使极柔韧，制成一方块。待干后，用朱笔画无数圆圈于其上，标明数目，然后依次点之。

先点第一圈，历数月之久，始有微陷。继点第二圈，日数略为减少，即有陷。如是每点一圈，必减数日。至后每数十点即陷，渐至数点即陷，终而至于触指即陷，然亦须两年苦功。

之后，可改为戳击石壁或石柱。循序而进，悉依前法。又两年余，青石亦触指即陷，至此功夫大成。（图1-194、图1-195）

图 1-194

图 1-195

唯成功之后，一定要时时检点，处处留意。习技之人，宜忍耐为先，习杀手功夫，更应注意，非到万不得已时，切勿轻易出手，即使出手，也要手下留情，勿袭人之要害，致人死命。

五、灭烛

用青油灯一盏（或烛灯），灯焰高至半寸（一寸约为3.3厘米），置灯桌面之上，身立灯前三尺（1米），取半马步侧身姿势，气沉丹田，聚精会神，以蛇形手对灯交替戳击，经一炷香为止。（图1-196）

图 1-196

每天早晚习之，不间断，不懈怠，至灯焰能击灭时，则初步功夫成。

再渐渐退至八步距离，能一出手将灯击灭时，则功大成。

出手击物，距二三步，掌指不及敌身，被击者已仆，乃阴手绝技。

第二章　青蛇出洞拳

青蛇出洞拳是蛇拳的一套入门拳法，简单易练，短小精悍，动作别致，技法独特。练好此拳，可为进修高级内家蛇形拳打下坚实的基础。

一、青蛇起身

1.两脚并步，正身直立，两手垂于体侧，呼吸自然。目视前方。（图2-1）

2.两掌自体侧向内收，交叉腕于小腹前，左内右外，掌心均向下，两掌尖向外。目视两掌。（图2-2）

3.两掌沿体正前方上提至胸前，继转掌上托于额头前上方，此时，两腕交叉，变成左外右内，掌心向上。仰头，目视双掌。（图2-3）

图2-1　　　　　　图2-2　　　　　　图2-3

4.重心移于左腿，右腿屈膝提起，脚掌贴于左大腿内侧，成独立步。同时，两掌向左右分开平肩，掌心向上，掌尖向外。目视右掌。（图2-4）

二、闲庭游弋

1. 右脚向右侧前方落步，上体左转，成左弓步。同时，左掌弧形下落于左大腿上侧方，环臂按掌，掌心向下，掌尖向右，右掌向上、向左弧形划至左肩前侧，环臂平肩，掌心向下，掌棱向前。目视左前方。（图2-5）

图 2-4   图 2-5

2. 左弓步不变。左掌向前翻转穿出，高与胸平，掌心向上，掌尖略向前斜下方。同时，右掌旋转，落肘夹腋，掌棱置于左胸前，掌心向上，掌尖向左。目视左掌。（图2-6）

图 2-6

3. 右转体，成右弓步。同时，左掌随转身，经腹前向右前上方穿出，高与眉额平，掌心向上，掌尖向前斜上方；右掌收置于右肋侧。目视左掌。（图2-7）

4. 右弓步不变。左掌内收于胸前，右掌上迎，两掌心相贴，合十于胸前。目视前方。（图2-8）

图 2-7

图 2-8

三、昂首吐信

1. 重心下沉，右腿屈膝全蹲，左腿伸直，成左仆步。同时，体左转，左掌自右向左脚背上侧画弧前插，掌心向下，掌尖向左前方，右掌收置右腰间。目视左掌。（图2-9）

2. 右腿蹬力起身，重心左移，成左弓步。同时，左掌屈臂上架于头额前方，掌尖向右，掌棱向上，右掌自右腰间向左前方直臂插出，高与颔平，掌心向下，掌尖向前。目视右掌。（图2-10）

3. 两掌向胸前屈肘下收，随之，两脚向前跳步进身，仍成左弓步。同时，左掌先动，向前戳出，屈肘腕，掌心向下，高与眉额平，右掌随之，屈肘腕护于左后臂内下侧。目视左掌。（图2-11）

图 2-9

图 2-10　　　　　　　　　　　图 2-11

四、青蛇弄腰

1.体右转，左腿屈膝全蹲，成右仆步。同时，两掌随转身向右下方画弧插掌，右掌至右脚背上侧，虎口向上，掌尖向前，左掌护于右肘弯内侧，虎口向上，掌心向里，上身略向右俯。目视右掌。（图 2-12）

2.体左转，重心移于右腿，成左仆步。同时，右掌向左划，两掌交叉臂于胸前，左内右外，掌心均向里，掌尖向斜上方。目视左脚。（图 2-13）

图 2-12　　　　　　　　　　　图 2-13

3. 重心左移，起身之际，右脚向左脚跟收步，伸腿直立，随之，左腿屈膝提起，成独立步。同时，右掌向左前上穿，举臂托掌于头顶上方，肘微屈，掌心向上，掌尖向左前方，左掌竖直护于右腋前，虎口贴腋部。目视左前方。（图2-14）

4. 左脚向前落步，屈膝成左弓步。同时，右臂屈肘向左前劈肘，左掌托住右拳腕，上体向左前倾。双目上翻盯视右肘。（图2-15）

图2-14

五、探首弄风

1. 重心移于右腿，左腿屈膝提起，伸立上体，成独立步。同时，上体右转，右拳向上、向右弧形反背拳打出，肘臂成弧形，拳面向上，拳背向前，高与头平，左掌护于右腋前。目视右拳。（图2-16）

图2-15

图2-16

2. 上体右旋，左膝向右转成前顶膝状，高与腹平，脚背绷直，脚尖向前斜下方。同时，右拳变掌，与左掌一齐下收于两腰间后侧，肘向后拉，收腹挺胸。目视前方。（图2-17）

3. 左脚向前落步，屈膝成左弓步。同时，两掌向前戳出，屈肘腕成蛇形掌势，高与眼平，两掌相平，虎口相对。目视两掌。（图2-18）

图2-17   图2-18

六、盘扫丹庭

1.重心落于右腿，屈膝全蹲，两掌下落，按于右脚前地面，左腿伸膝，成左仆步。目视左脚侧地面。（图2-19）

图2-19

2. 以右脚为轴心，左腿擦地向前扫转一周。随之，重心左移，两掌向左脚前移，伸臂成插掌状；上体前俯，成左弓步。目视两掌。（图2-20）

图 2-20

七、青蛇弄影

1. 立身而起，左腿独立；同时，右脚向前弹踢而出，脚背绷直，高与腹平。两掌随起身左右展托，至与肩平时，右掌向前穿，掌心向上，掌尖向前，高与颌平，左掌上举于头顶成亮掌，肘臂成弧形，掌心向上，掌尖向右。目视前方。（图2-21）

2. 动作不停。右掌内划至右肩前，屈肘平肩；右脚内收，成屈膝前提状。左掌、左腿不变。目视前方。（图2-22）

图 2-21

图 2-22

3. 右脚向前落步, 屈膝成右弓步。同时, 右掌向前反背拍出, 至与肩平之际向前穿出, 高与眉额平, 左掌向右前弧形下落护于右肩前侧, 掌心向下, 虎口向里。目视右掌。（图2-23）

4. 左转体约360度, 右膝跪扣于左踝关节外侧地面, 左腿屈膝蹲, 成半歇半跪姿势。同时, 左掌随转身向左下扫于左臀部后侧方成勾手, 臂伸直, 勾尖向上, 右掌屈臂架掌于右额前, 掌棱向上, 头左转。目视左侧方。（图2-24）

图2-23　　　　　　　　　　　　　　　图2-24

八、丹炉点雪

1. 右转体立身而起, 左腿伸, 右膝略屈, 成右高弓步。同时, 右掌随转身向右下反拍, 略高于右膝上方, 掌尖向下, 掌心向右, 左勾手变掌, 向左上方伸臂举掌, 掌尖向左斜上方, 上体略右倾。目视右掌。（图2-25）

图2-25

2.动作不停。重心右移，成右弓步。同时，右掌向右外侧方画弧，展臂平肩，掌心向下，掌尖向外，左掌向右、向下、向左、向上画弧一周，屈臂举掌于左侧上方，掌心向上，掌尖向右，掌背对左肩。目视右前方。（图2-26）

3.重心移于右腿，左腿屈膝提起，成右独立步，左脚掌贴于右大腿内侧。同时，右掌向下画弧，伸臂于右臀部外侧方，掌尖向下，掌心向后，左掌右移于头顶上方。目视右侧前下方。（图2-27）

4.独立不变。右掌经右胁侧逆时针画弧，经右肩前向右穿掌，高与肩平，掌心向上；左掌下按于右肩前，肘臂平肩。目视右掌。（图2-28）

图 2-26

图 2-27

图 2-28

九、海底寻珠

1.独立步不变。上体左旋，左掌向左展臂至与肩平时，屈腕撮指成勾手上提，勾尖向下，手腕高与左耳平，右掌内收至右胸前，垂肘竖掌，掌尖向上，掌心向左，高与颌平。目视正前方。（图2-29）

2.动作略停。然后右旋体，左腿提膝向右旋至前侧成顶膝状，脚背绷直，脚尖向前斜下方。同时，右掌向右下画弧、甩掌成勾手，置于右臀部后侧，勾尖向后斜上方，左勾手变掌向前、向右画弧，举掌架臂于头额前上方，掌尖向右，掌心向前斜上方。目视前方。（图2-30）

3.左脚向左后侧方落步，右腿屈膝，成右弓步。同时，右勾手不动，左掌向右肩前下落，环臂于胸前，高与肩平，肘尖向前。目视前方。（图2-31）

图2-29

图2-30

图2-31

4.动作不停。左掌自右肩沿胸
向下、向左穿掌,至左脚背上侧方,
掌心向下;右勾手变掌,收于右腰
间,掌心向上。同时,右腿屈膝全蹲,
成左仆步。目视左掌。（图2-32）

图2-32

十、青蛇观阵

1.重心左移,右腿蹬力,成左弓步。同时,右掌向左前方插出,高与肩平,
掌心向下,左掌收于左肋侧,掌心向上。目视右掌。（图2-33）

2.左弓步不变。左掌向前插出,高与鼻平,掌心向下;右掌收至左肘内侧,
掌心向上。目视左掌。（图2-34）

图2-33   图2-34

3.重心下沉，左腿屈膝全蹲，成右仆步。同时，右掌向下，经左脚向右画弧，至右脚背上侧方，掌心向上，左掌斜伸臂于左侧斜上方，虎口向上。目视右掌。（图2-35）

4.重心右移，屈膝蹲成右弓步，随之右转体，成横裆步。同时，左掌向左肩前画弧，沿肋下甩，至左臀部后侧方撮指成勾手，勾尖向后斜上方，右掌上划，屈臂架掌于头顶上方，掌尖向左，掌心向上。目视左前方。（图2-36）

5.重心移于左腿，左腿独立伸直，右腿屈膝提起，脚掌贴于左大腿内侧。同时，左勾手向左上抬臂斜伸，略低于肩，勾尖向后，虎口向下，右掌下划收于胸前竖掌，掌尖高与颌平。目视正前方。（图2-37）

图 2-35

图 2-36　　　　　　　　　　图 2-37

十一、青蛇回首

1.右脚向右侧方落步,屈膝成右弓步。同时,右掌画弧向前插出,高与颌平,掌心向下;左勾手斜伸臂于体后侧,指尖向上,高与腰平。目视右掌。(图2-38)

2.左转体,成左弓步。同时,右掌向左前方插出,屈肘腕成蛇形掌,高与鼻平,左勾手变掌护于右后臂内侧,掌心向下。目视右掌。(图2-39)

3.重心移于右腿,屈膝半蹲,左脚内收,成左虚步。同时,右掌内收,左掌向前戳出,高与颌平,屈肘腕,右掌收于左肩前,虎口贴肩。目视左掌。(图2-40)

4.左虚步不变。右掌前戳,高与鼻平,左掌收护于右肘弯内侧。(图2-41)

图2-38　　　　　　　　　　图2-39

图2-40　　　　　　　　　　图2-41

5.动作不停。右掌向右画平弧，至右前方。目视右掌。（图2-42）

6.左脚向右后侧方插步。同时，两臂向左右分展，抖手插掌，上体右旋。目视右掌。（图2-43）

图2-42　　　　　　　　　　图2-43

十二、蟠蛇弄月

1.重心移于左腿，上体右旋，右腿屈膝提起，成左独立步。同时，右掌翻转，收肘，肘尖贴于右膝外侧，掌心向上，左掌向右划，屈臂架掌于头额前上侧，虎口向下，掌尖向右。目视前方。（图2-44）

图2-44

2.右脚向前落步，屈膝半蹲，左膝跪地，成左跪步。同时，右手屈腕臂成蛇形掌前戳，高与鼻平，左掌下落，护于右后臂内侧，掌尖向前斜下方。目视右掌。（图2-45）

3.上体左转，两手蛇形掌向左画弧戳点，左掌高与额平，右掌护于左腋前。目视左前下方。（图2-46）

4.左膝立起，右膝跪于左脚跟内侧，成右跪步。同时，左掌向前戳，臂略前伸。目视左掌。（图2-47）

图 2-45

图 2-46

图 2-47

5.右缩身下沉；左掌屈肘臂收缩，高与鼻平，蛇形掌不变。目视前方。（图2-48）

6.动作不停。右掌向前方插出，高与眉额平，上身略前探。目视右掌。（图2-49）

图 2-48

图 2-49

十三、白蛇吐信

1. 重心移于左腿，右腿屈膝向前上方提撞，高与胃脘平，脚背绷直，脚尖向前下。同时，两掌下收于两臀部后侧方，肘部向后拉。目视前方。（图2-50）

2. 右脚向前落步，脚尖外展，两腿屈膝成扭步。同时，两掌上提至胸前时，成蛇形掌向左右分戳，高与鼻平。目视右掌。（图2-51）

图 2-50

图 2-51

3. 重心移于右腿，脚尖内扣，左腿屈膝提起于左侧方，成右独立步。同时，右掌向前插，高与头额平，左掌收于右腋前，上体略右倾。目视右掌。（图2-52）

图 2-52

75

十四、青蛇伸腰

1.左脚向左侧方落步，右腿屈膝半蹲，成右弓步。同时，右掌抡转成掌心向上，高与头额平，左掌护于右后臂内侧下，掌心向下。目视右掌。（图2-53）

2.右腿全蹲，成左仆步。同时，左转体，左掌下穿至左脚背上侧，掌心向下，右掌斜伸臂于右侧方，高与头平，掌心向上。目视左掌。（图2-54）

图2-53　　　　　　　　　　图2-54

3.右腿蹬力起身，左腿屈膝半蹲，成左弓步。同时，两掌收于胸前相合之际，随即向下收于臀部两侧，肘向后拉，挺胸、收腹、昂头。目视前方。（图2-55）

4.左腿伸立，右腿屈膝提起，成前顶膝状。同时，两掌随起身向前提至头额前上方，掌心相贴，掌尖向上，上体略前倾。目视前方。（图2-56）

图2-55　　　　　图2-56

十五、双蛇夺食

1. 右脚落步，脚尖点地于左脚内侧前地面，屈膝缩身，成右丁步。同时，两掌下收，右肘抵于右腰间，掌心向上，掌尖向前斜上方，左掌置于左胸前，掌心向下，掌尖向右。目视右前方。（图2-57）

2. 右脚向前方跨出一步，屈膝成右弓步。同时，两掌向前方穿插出，两掌心相对，右掌心向上，高与鼻平，左掌心向下，高与额平，上体右倾。目视右掌。（图2-58）

图 2-57

图 2-58

十六、青蛇归洞

1. 上体左转，左脚内收半步，成左半马步。同时，两掌随体转向左画半弧，左掌屈肘臂成蛇形掌，立于左头额前上方，右掌护于左后臂内下侧方，勾腕、掌尖向前下侧方。目视左前方。（图2-59）

图 2-59

77

2. 左脚内收一小步，成左虚步。同时，两掌收于胸前，右掌变拳，左掌心贴于右拳面，成抱拳势。随即向左前方推出，高与颔平。目视左前方。（图 2-60）

3. 动作不停。左虚步不变，两手抱拳向右画平弧至正前方，高与胸平，两臂成环状。目视前方。（图 2-61）

4. 左脚收步于右脚内侧，两手放下，自然成掌，垂于体侧，立正挺身，调匀呼吸。收势。（图 2-62）

图 2-60

图 2-61

图 2-62

第三章 内家秘传蛇形拳

本套蛇拳，共三十六势，乃笔者师承之绝学，技法独特，内家秘传，外所难见。此为首次披露。

全套动作开合得宜，刚柔相济，以柔为主，柔中有刚，桩实步活，身法轻灵，手法多变，招法连环。

此拳还有很高的技击价值，其实战要诀如下。

身要颤，步要转，两手忽闪势不乱；

圈绕步，步协身，手抢喉眼快如电；

龙戏珠，掌插砍，忽虚忽实忽打点；

脚法变，快应慢，自卫反击来即还；

劲法烈，发声助，惊敌伤敌真蛇拳。

一、灵蛇出洞

1. 两脚并步，正身直立，两掌垂于体侧，呼吸自然。目视前方。（图3-1）

2. 两掌自体侧弧形上提，交叉于胸前，右外左内，掌心向后，掌尖斜向上方。目视前方。（图3-2）

图 3-1　　　　图 3-2

3.两腿屈膝下蹲，臀部下沉。随之，两掌自胸前向下、向左右分开，伸臂，高与小腿平，掌心向下，掌尖向外。目视右前下方。（图3-3、图3-4）

图3-3

图3-4

4.动作不停。上身波浪形上升；两掌随起身柔和地以波浪形上举，直至伸臂举于头顶上方，两掌距离宽于肩。两掌成蛇形手，仰面。目视前上方。（图3-5）

图3-5

5. 右脚向左侧画弧提起，至与小腹平之际向右画弧，收落于右后侧方，全脚掌落地，屈膝半蹲，重心落于右腿，左脚在前虚点地面，成左虚步。同时，两掌向右侧方弧形收落，右拳、左掌成请手势，停于右肩前侧方，头左转。目视左前方。（图3-6、图2-7）

图 3-6   图 3-7

6. 动作不停。左虚步不变，右拳、左掌向前推移出，两臂成环状，高与颌平。目视前方。（图3-8）

7. 左脚收步于右脚内侧，并步正身直立。同时，两拳（左掌变拳）收抱于腰际。目视前方。（图3-9）

图 3-8   图 3-9

二、毒蛇扫林

1. 接上动。上体左转，右脚向左侧前方上进一步，屈膝成右弓步。同时，右拳变蛇形手向前戳出，高与眼平，左拳变蛇形手护于右肘尖下侧。目视右掌尖。（图3-10）

2. 动作不停。左蛇形手顺着右前臂内侧向前戳出，高与额平。右手护于左肘尖内侧。目视左手尖。（图3-11）

图3-10　　　　　　　　　　　　　图3-11

3. 上体左转约360度，两腿交叉屈膝下落，成坐盘。同时，两蛇形手随转体画弧一周立于左侧，左手高过头顶，右手护于左腋前侧。目视左前方。（图3-12）

4. 接上势。两手摇抖三圈后，下收于胸前交叉。随之向左右下侧弧形分展划出，高与腰平，掌心向下，掌尖向外。目视左掌。（图3-13）

图3-12　　　　　　　　　　　　　图3-13

三、青蛇穿涧

1. 接上势。上体右转，两腿蹬力起身，左腿略屈膝，右腿蹬伸，成左弓步。同时，两掌随转身收至胸前，再向左脚前下伸插，两掌心相对，虎口向前，掌尖在左脚尖前上方。目视双掌。（图3-14）

图 3-14

2. 动作不停。右脚贴地向后伸出，左脚尖上翘，脚跟着地，两腿伸直成一字腿。同时，两手抱住左脚掌，低头俯身，面部贴近左膝部。（图3-15）

图 3-15

3. 身体右翻，臀部着地，两手撑地于腰部两侧，左腿屈膝内收，右脚内收向上弹踢，脚尖绷紧。目视右脚。（图3-16）

图 3-16

4.右脚向前落步，双掌推地起身；随之，重心移于右腿，伸直踏实，左脚离地，脚背绷直向上顺时针画弧撩腿，屈膝。同时，双掌由腹前随右倾身向右前侧刺出，左高右低，两掌心相对。（图3-17）

5.左旋体，右脚踏地起跳，身体腾空左转180度右合脚，左脚向左后方屈膝摆腿。同时，双手前下甩臂随体转画弧摆掌（左掌在体前方击响右脚掌），成腾空里合腿。目视左掌。（图3-18）

图3-17   图3-18

6.两脚相继落地，重心落于左腿，屈膝全蹲，右腿伸直成右仆步。同时，左掌向左画弧斜伸于左侧斜上方，掌尖向左后斜上方，虎口向上，右掌随落步由上弧形下劈，伸臂落掌于右踝关节内侧近地面处，力达掌棱。目视右掌。（图3-19）

图3-19

四、灵蛇戏鹰

1. 接上动。身体重心移到右腿，立起上身；随之，左脚先收于近右脚内侧，继向左斜前方弧形绕步，两腿成扭步势，膝部略屈。同时，左掌随起身由后向下、向右、向上画弧，屈臂勾腕成蛇形手，高于头顶，右掌随之收护于左腋前成蛇形手，掌尖向左前斜下方。目视左前方。（图3-20）

2. 动作不停。右脚随即弧形绕进一步，上体左转约90度，两手不变。（图3-21）

图 3-20　　　　　　图 3-21

3. 左转体约180度，上体下俯，左腿屈膝，右膝略跪，脚前掌着地，脚跟悬提，成扭插步。同时，左掌由上向下、向后弧形反掌下穿，掌心向上至于身后，高于右小腿，右掌护于左肩前，掌心向下。扭头，目视左掌。（图3-22、图3-22背面图）

图 3-22

图 3-22 背面图

4. 上体继续左转约90度；同时，身体重心移到左腿，右腿随转身旋踢，高与胸平，勾紧脚尖，脚跟向前，双掌合拍于右小腿前胫上侧，掌尖向前，虎口向上。目视右脚。（图3-23）

5. 动作不停。右脚借旋踢之劲向左落地，屈膝成弓步。同时，上体右转，下盘成插步式；右掌弧形收至胸前，再向右后插出，成蛇形手，高与鼻平，左蛇形手护于下颌前。目视右手。（图3-24）

图 3-23　　　　　　　　　　图 2-24

五、盘蛇击虎

1. 上体左转约90度，重心下沉，左膝屈向右小腿外侧，悬跟，成歇步。同时，右掌由右侧方向左平肩弧形穿掌，掌心向下，左掌经胸前穿至右后臂下侧，掌心向下。目视右前臂。（图3-25）

图 2-25

2. 歇步不变。左掌由右腋下向前、经体前方向左逆时针画弧摆掌。同时，右掌向头前上方逆时针画弧摆掌，掌心向外。目视右掌。（图3-26）

3. 动作不停。右掌由体前方向左肩上方、向头后逆时针画弧绕头摆掌，掌心向上。同时，左掌由左侧逆时针画弧摆掌，掌心向上。目视右掌。（图3-27）

图2-26　　　　　　　　　　　　　　　图2-27

4. 右掌由体右侧方向前逆时针画弧平摆，掌心向上。同时，左掌由左侧向后上方，转回向左肩上方逆时针画弧约360度摆掌，屈肘位于左肩上方。目视右掌。（图3-28）

5. 随之，右掌由右前方内翻手腕向上、向回、向左腋下逆时针画弧压掌，掌心向下。同时，左掌由左肩上方向前直线刺掌，掌心向下，高与眼平。目视左掌。（图3-29）

图3-28　　　　　　　　　　　　　　　图3-29

6.左掌由体前向右侧方顺时针平摆,掌心向下。同时,右掌由左腋前向前刺出,高与眼平,掌心向下。（图3-30）

7.动作不停。左掌紧随,沿右前臂内侧向前刺出,高与头额平。同时,右掌下压护于左后臂内侧,掌尖向前斜下方。目视左掌。（图3-31）

图 3-30

图 3-31

六、白蛇缠柱

1.左脚跟落地,伸腿立身,上体左转约90度,两腿伸膝成开裆步。同时,上体后仰,右掌向左画弧平摆,高与眉额平,掌心向下,掌尖向外,左掌贴于右腋前外侧,掌心向下,掌尖向右侧方。目视右掌。（图3-32）

图 2-32

2.动作不停。重心移
至体正中；右掌由左侧外
内翻手腕向左后、过脑后
向右侧外逆时针画弧180度
摆掌，掌心向上；左掌在
右肩前向上（内翻手腕180
度），过体前向左逆时针画
弧180度摆掌，成仰身摆掌
势，目视右掌。（图3-33）

图2-33

3.重心右移，体右转，双脚前掌右外碾地约45度屈膝踏实。同时，双掌由体两侧向右腹前顺时针画弧摆掌，至腹前，右掌变拳，左掌心托住右拳背，收腹含胸低头。目视右拳。（图3-34）

4.抬头正身，左腿蹬伸，成右弓步。同时，右拳变掌向前方穿出，高与喉平，掌心向上，左掌前切，护于右肘尖下侧，掌心向下，掌尖向右，掌棱向前。目视右掌。（图3-35）

图3-34　　　　　　　　　　　图3-35

七、大蟒昂首

1. 身体重心下沉，右
腿屈膝全蹲，左腿平铺成
左仆步。同时，上体左转，
左掌向下、向左画弧反穿，
至左膝上侧时，旋腕成掌
心向下，掌尖向前，插至
左踝关节上侧方，右掌随
左掌移动，弧形穿至左肘
弯内侧，掌心向上。目视
左掌。（图3-36）

图 3-36

2. 右脚向前上进一
步，屈膝半蹲；左脚碾地
30度，后位脚跟抬起，
脚前掌着地，膝关节跪地。
同时，双掌向前上方弧形
戳出，成蛇形手，两掌相
平，虎口相对，高过头顶。
目视前上方。（图3-37）

图 3-37

3. 右脚收步至左膝前
地面踏实，左跪步不变。
同时，双掌由体前变勾手
向下过体左右两侧、向后
上方顺时针画弧，勾于背
部后侧上方，指尖向上，
高与肩平。目视前上方。
（图3-38）

图 3-38

4.左脚向前方上进一步，右腿蹬伸，成左弓步。同时，两勾手弧形下收至腹前变掌，继向前上方提手成蛇形手，两手相并，高过头顶。目视前上方。（图3-39）

图 3-39

八、乌蛇弄风

1.接上势。上体左转约90度，左脚尖外展，右膝略屈跪，脚跟提悬，成交叉步。同时，右掌向左穿，架臂于头顶，虎口对左肩，左掌弧形下压至右肋侧，坐腕立掌，掌心向外。目视右后。（图3-40）

2.重心在左，下蹲成左歇步。同时，右掌随下蹲由左上方向右侧下方画弧劈掌，接近地面，左掌由右肋上翻手腕向下、经腹前向左侧上方逆时针画弧，伸臂斜举于体侧上方，掌尖向上。目视右掌。（图3-41）

图 3-40　　　　　　　　　　图 3-41

3. 右脚向前方上进一步，脚尖虚点地面，左腿屈膝，成右虚步。同时，右掌向上转臂旋提，屈臂勾腕置于额头右侧，虎口向下，掌尖向外，左掌向右前下方插出，高与肋平，掌心向上，掌尖向前斜下方。目视左掌。（图3-42）

4. 动作不停。右脚尖向内一收，画弧前移步，成半马步。同时，右掌向前下方插出，高与裆平，掌心向下，掌尖向前斜下方，左掌上收，护于右肩前，掌心向外，掌尖向上。目视右掌。（图3-43）

图 3-42

5. 左脚上步于右脚尖前，脚尖点地，成左丁步。同时，左掌向前下画弧至左膝时，上体左转约90度，左掌变勾手向臀部后侧画弧，指尖向上，右掌继向左平摆，至左肩前，掌心向下，掌尖向左后斜上方。扭头，目视左后侧方。（图3-44）

图 3-43

图 3-44

九、金蛇狂舞

1. 接上动。左脚向前一步，屈膝成右插步。同时，双手收至胸前，继向左后侧方弧形摆掌，左臂伸直，坐腕立掌，掌尖向上，高与鼻平，右掌护于左肩前，掌尖向上，虎口对左腋。目视左掌。（图3-45）

图 3-45

2. 重心移于左腿，独立支撑全身。同时，左脚左外碾地90度，直腿，脚前掌着地，右腿直腿，脚背绷直向上逆时针画弧约180度旋腿，脚底向上，双掌随体旋转逆时针画弧摆掌，位于左、右两侧，左高右低，两臂伸直。目视右掌。（图3-46）

3. 动作不停。重心在左，体腾空。右腿继续逆时针画弧摆腿，左脚踏地起跳向上腾空，随右腿逆时针画弧旋摆腿。右腿旋摆约390度，左腿旋摆约360度。（图3-47）

图 3-46

图 3-47

4.右脚先着地，左腿在右脚踏稳后屈膝提举于左侧。同时，双掌向右侧下方画弧劈掌，右掌高与腰平，左掌高与右肩平。目视右掌。（图3-48）

5.动作不停。重心在右，体上升；右脚踏地用力起跳，向头上方摆腿做旋风脚，且脚背绷直、扣踝。同时，双掌向上、向左上方画弧摆掌，左掌在体前上方击响右脚掌，右掌变拳位于右侧。目视左掌右脚。（图3-49）

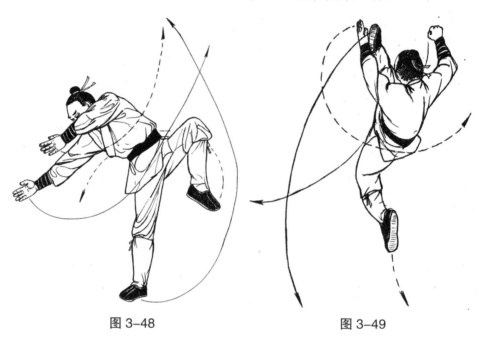

图 3-48   图 3-49

6.身体在空中继续左旋180度落地踏实，左腿屈膝半蹲，右腿蹬伸，成横裆步。同时，双手随旋体落地下画弧劈掌，位于体左右两侧，随之变蛇形手猛地向上一提，屈肘、腕，高与鼻平，右掌尖向右，左掌尖向左。左掌挺住不动，右掌做蛇摆头九下。目视右掌。（图3-50）

图 3-50

十、白蟒横渡

1.接上动。重心移于右腿，两腿屈膝半蹲，成左半马步。同时，上体左转，右手屈臂折腕停于右肩侧不动，左手顺时针画弧360度向左前方刺出，高与鼻平。目视左手。（图3-51）

2.重心移于左腿，右脚经左脚前画弧绕步至左脚后侧方，两腿成交叉扭步。同时，上体右转，右手随转体弧形向右外侧上方穿掌，高与头额平，掌心向上，掌尖斜向上方，左手弧形下按于左外侧方，高与腰平，臂呈弧状，掌心向下，掌尖向前斜下方。目视右掌。（图3-52）

图 3-51

3.右脚逆时针绕左脚一周（360度）落步，两腿屈膝下蹲，成歇步。同时，双掌随左转伸臂沿体画弧摆掌，左掌变蛇形指伸臂于体后侧方，虎口向上，高与头顶平，右掌斜伸臂于前下方，掌心向下，虎口向左。目视右掌。（图3-53）

图 3-52　　　　　　　　　　　图 3-53

4.歇步不变。右掌向后、向上画弧伸臂，略高于肩，掌心向上，掌尖向后斜上方。同时，左手变掌向下、向前弧形撩掌，高与肩平，掌心向上，掌尖向前。目视左掌。（图3-54）

5.重心移至右腿，左腿屈膝收提，脚背勾于右小腿近膝弯处，右膝弯屈。同时，上体略前俯。右臂伸直，右掌从后向下、向前抄掌，高与裆平，随之勾腕垂指，掌尖向下，虎口向前，左掌内收护于右肘弯内侧，掌尖向上。目视右掌。（图3-55）

图 3-54

图 3-55

十一、双蛇戏水

1.左脚向前落步，成左弓步。同时，左掌向前、向上画弧，上提成蛇形手，高与头平，右掌上提护于左后臂内侧下方成蛇形手，上体略前倾。目视前方。（图3-56）

图 3-56

2.右脚向前方上进一步，屈膝半蹲；左腿屈膝略沉跪。同时，右手弧形向前上击出，高于额头，左手下压，位于右后臂内侧下方。目视前方。（图3-57）

3.左脚沿右脚内侧向左外侧方弧形绕步，上体右旋，两腿扭膝成交叉势。同时，左蛇形手向上、向左画弧，高于头额，右手下压，位于左腋前。目视左前方。（图3-58）

图 3-57

图 3-58

4.动作不停。右脚经左脚向左脚前外侧弧形绕步，脚尖内扣，两膝相扣。同时，右手弧形向前上戳出，高于头额，左手下按，位于右后臂下侧方，掌心向下，掌尖向右外侧方。目视右前方。（图3-59）

图 3-59

5. 左脚经右脚内侧向右前内侧弧
形上步，脚尖外展，两膝尖均外掰，
成扭步。同时，两手收至胸前转腕，
继向前并排截出，高与胸平，掌心向上，
掌尖向前。目视前方。（图3-60）

图 3-60

十二、灵蛇斗猫

1. 重心右移，右腿屈膝，全蹲，左腿伸仆，成左仆步。同时，两掌随重
心右移向下、向外、向后画弧摆于体后两侧，成展翅势，掌心向上，虎口均向后。
目视前方。（图3-61）

2. 右转体约90度，成右弓步。同时，两掌转腕画弧下收至两腰侧，掌心
向上，掌尖向前斜下方，含颌。目视左内侧下方。（图3-62）

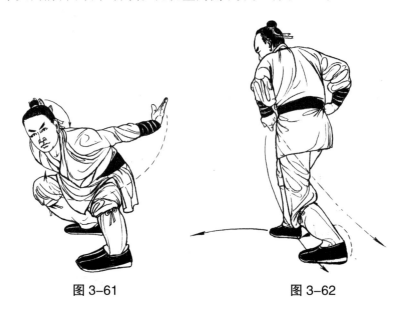

图 3-61   图 3-62

3. 上体左旋，两掌向左下侧伸臂按地。同时，左腿屈收于地面，腿外侧贴地；右腿向右前贴地伸出，脚尖内扣，脚全掌着地。目视右脚。（图3-63）

图 3-63

4. 右腿向左大幅度用力平扫；同时，身体后仰，右手离地闪让右腿。（图3-64）

图 3-64

5. 右腿继续向右扫摆过面而起时，左腿随之画圆上摆至与右腿交叉；同时，上体仰跌于地面。（图3-65）

图 3-65

6. 两腿继续向右顺向拧绞，其弧度逐渐减小，脚的高度逐渐上升；同时，上体随之左转领起，臀、腰、背依次离地，以右肩臂支撑。（图3-66）

7. 两腿并拢，右手推地撑起，成手倒立。右、左脚依次落地立身，右前左后顺步伸膝站立；同时，两手成蛇形手向右前点出，右手高与眼平，左手位于右肘尖内下侧。目视前方。（图3-67）

图 3-66   图 3-67

十三、金蛇响尾

1. 重心移至左腿，独立支撑全身；右腿以大腿带小腿向右后侧上方撩踢，高于头顶，脚底向上。同时，右掌由上向下、向后画弧反撩，拍击右小腿内侧，左掌上划，架臂亮掌于头顶，掌心向上。目视右脚。（图3-68）

图 3-68

2. 上体左旋，右脚随转体向左脚尖前方落地；随之，左腿向后上方画弧反撩踢，高与头平，脚跟向上。同时，左掌向左后上画弧伸臂于左腿上侧方，掌心向后，虎口向下，右掌向右侧上方伸臂举掌，掌尖向上，掌心向前，头左转。目视左脚方向。（图3-69）

3. 左脚向右前方收落踏地，随之上体右转约180度，右脚尖外展，成右弓步。同时，右掌下收，抱掌于腰间，掌心向上，掌尖向前，左掌随转体画弧360度向前切掌，高与胸平。目视左掌。（图3-70）

图 3-69

4. 重心左移，两腿屈膝半蹲，成右半马步。同时，右掌成蛇形手向前击出，高与额平，左掌下按，位于右肘尖下侧方，成蛇形手。目视右手。（图3-71）

图 3-70　　　　　　　　　　　　　　　　图 3-71

十四、青蛇摇头

1. 左脚贴地内收步，蹬伸腿，成
右高弓步。同时，右掌翻腕屈臂上架
于头顶，掌棱向上，掌尖向斜前方，
左掌向前切出，高与腹平，掌棱向前，
掌尖向右。目视左掌。（图3-72）

图 3-72

2. 左脚向前跨进一步，屈膝半蹲成左弓步。同时，左掌向前上标掌插出，
高与肩平，掌心向下，右掌弧形下按，成蛇形手护于左肩前，掌心向下，掌尖
向前。目视左掌。（图3-73）

3. 动作不停。左标步向前。同时，左掌弧形下压并前切，高与腹平，右
掌向前斜砍出，臂略伸直，高与耳平，掌心向上，掌尖斜向前上方。目视右掌。
（图3-74）

图 3-73   图 3-74

十五、白蛇入海

1. 右脚上步于左脚内侧踏实，右腿伸直，左腿屈膝提起，脚尖向下、脚背绷紧；同时，两臂在胸前交叉。随之，上体前俯，略低于水平，左腿伸直向后上方举起，脚背绷紧，右掌插向前下方，左掌摆向后上方。目视右掌。（图3-75）

2. 两掌向前下落按掌于地面，随之，两腿屈膝内收，低头团身，含胸收腹。（图3-76）

图3-75　　　　　　　　　　图3-76

3. 动作不停。身体依次以肩、背、腰、臀着地向前滚翻。（图3-77）

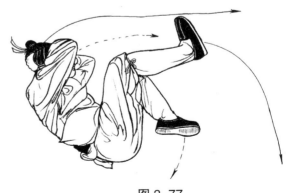

图3-77

4.然后迅速起立，右腿屈膝半蹲，左腿蹬伸，成右弓步。同时，右掌向前上方穿击，高与头额平，掌心向上，左掌护于右肘尖下侧方，掌心向下，掌尖向前。目视右掌。（图3-78）

5.动作不停。右掌转腕，掌尖向前下插劲成蛇形手。（图3-79）

图 3-78　　　　　　　　　　　　　　图 3-79

十六、白蛇盗芝

1.接上动。左脚尖外展，右脚尖内扣，上体左转约180度，成左半马步。同时，左掌随转体向左画弧平摆掌，成蛇形手，高与额头平，右掌随转体画弧至左后臂下侧方，屈腕，掌尖向前下方。目视左掌。（图3-80）

图 3-80

2.重心移于左腿，独立支撑全身；右腿提膝向前踩出，脚尖勾紧向上，高与左膝平，力达脚跟。同时，左掌向外、向下画弧抱掌于右大腿上方，高与腹平，掌心向上，掌尖向右，右掌向外、向上画弧于左掌上方，高与胸平，两掌成抱球状。目视右脚尖。（图3-81）

图 3-81

3.右脚向前落步，蹬地伸膝，重心落于左腿屈膝，成横裆步。同时，两掌逆时针画弧向左，右掌位于裆前成抱掌势，掌心向上，掌尖向左，左掌继续向上、向右划至右胸前，掌心向下，与右掌成抱球状。目视右侧前下方。（图3-82）

4.左转体，左腿屈膝前弓不变；右脚收步，脚前掌点地，屈膝略沉跪。同时，上体向左前倾，左手向上、向左画弧变蛇头手击出，高与头额平，右手变蛇头手上提，位于左后臂内侧近左肘部。目视左手。（图3-83）

图 3-82   图 3-83

十七、双蛇抢珠

1.右脚跟内旋落地踏实,
左脚尖内扣;随之右转体约
180度,成右弓步。同时,右
手经面部前向右画弧,变蛇芯
指向前戳出,高与两眼平,左
手随转体向下、向右画弧,变
掌位于右肘尖下侧方,掌心向
下,掌棱向前,高与右肋平。
目视右手。(图3-84)

图 3-84

2.左脚向前跨进一步,屈膝成左弓步。同时,左掌变蛇芯指向前上画弧
戳出,高与鼻平,右手下压,位于左肘尖下侧方。目视左手。(图3-85)

3.动作不停。右脚向前方上进一步,重心移于左腿,右腿虚伸,成右虚步。
同时,左手下压,右手蛇芯指向前上戳出,高与两眼平,肘腕屈曲约90度,
左手指位于右肘下侧。目视右手。(图3-86)

图 3-85　　　　　　　　　　图 3-86

4.左腿蹬伸，右腿屈膝，成右弓步。同时，上体前倾，右臂前伸，蛇芯指前戳，高与颔平，指尖略向前斜下方。目视右手。（图3-87）

图 3-87

十八、灵蛇盘龙

1.重心移于左腿，屈膝全蹲，右腿伸膝仆地成右仆步。同时，两掌下落按地于左脚内侧。（图3-88）

2.以左脚前掌为轴，右脚尖里扣由右向前、向左贴地扫旋，至左脚前时两手快速离地，左脚跳起放过右腿后落地，右腿继续向后，再向右绕体直腿扫旋一周。（图3-89、图3-90）

图 3-88

图 3-89

图 3-90

3. 右腿屈膝略跪，上体左转约90度。同时，左掌屈肘上提，肘尖高与肩平，左掌横于左胸前，掌心向下，掌尖斜向左下方，右掌向左膝前侧方穿出，约与裆部平，掌心向上，掌尖向左前方。目视右掌。（图3-91）

图 3-91

4. 右脚上步于左脚尖前侧，屈膝半蹲，支撑身体重量；左腿屈膝上提，使踝关节外侧盘放在右大腿膝部上方。同时，右掌向前侧方插出，高约与肩平，掌心向下，掌尖向右侧斜下方，左掌向左斜上画弧环臂亮掌于左脚上方，高与耳平，掌心向下，掌尖向左外斜侧方。目视右掌。（图3-92）

5. 右膝伸立，上体向上提升；左腿屈膝提起，脚背绷直，位于右膝内侧上方。同时，上体略向右倾，右掌下插，掌尖向下，掌心向后，略低于臀部，左掌向头顶上移，架臂亮掌，掌心向上，掌尖向右。目视右前下方。（图3-93）

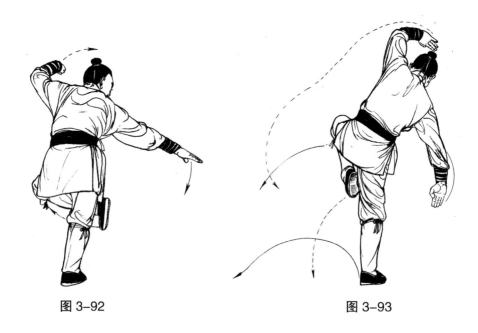

图 3-92

图 3-93

十九、青蛇吞象

1.左脚向左侧落步，上体左转，右脚迅速向前跨进一步，屈膝半蹲成右弓步。同时，上体向右前倾俯身，两掌向前画弧抄至右膝前时，两臂交叉互穿抱于腋后肩头，左臂在上，右臂在下，肘部相贴于胸前。目视前下方。（图3-94）

图 3-94

2.右弓步不变。两掌下落，向前、向上、向后外侧画弧，握拳抱于腰间。同时，立正上身，挺胸抬头。目视前方。（图3-95）

图 3-95

3.向前标步，仍成右弓步。同时，两拳变掌，伸臂向前插出，左掌在下，右掌在上，两掌心相对，高与胸平。目视双掌。（图3-96）

图 3-96

4.两脚一齐蹬地向后跳退步。同时，两掌屈指成抱球状，随退身屈肘收拉至胸前，含胸收腹。目视两手。（图3-97）

5.右脚尖内扣，左脚尖外展，左转体约180度。同时，两掌随转身向左前方插出，左掌高与鼻平，掌心向上，掌尖向前，右掌架于头顶，掌心向下，掌尖向前，两掌似抱球之意。目视左前方。（图3-98）

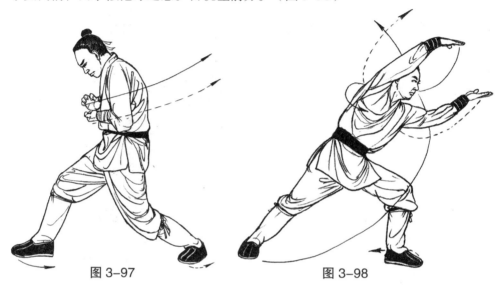

图 3-97　　　　　　　　　　图 3-98

二十、白蛇咬尾

1.左脚尖外展约180度；随之，左转体，右脚离地，脚尖上勾，向右侧上方逆时针画弧踢腿，脚在头上方，脚掌向上，脚尖向后。同时，左手由左侧向上顺时针画弧摆掌，伸臂举于头顶上方，掌心向上，掌尖向右，右手在右侧踢腿时向回、过面门向左腋画弧摆掌，屈肘立于左腋前。目视右前下方。（图3-99）

图 3-99

2. 身体向右前倒，右脚落地成一字腿。同时，左掌随倒地向下画弧按至右脚时，迅速向左后画弧伸臂于左侧，变蛇形指，手心向后斜上方，位于臀部后侧方，右手变蛇形指屈肘于左肩前侧，手心向前，指尖向上，右侧体贴近右大腿，右侧头面枕于右脚尖上，扭头。目视左侧斜上方。（图3-100）

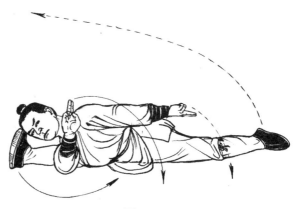

图 3-100

3. 上身抬立，两掌按于左膝及大腿内侧地面；随之，右脚屈膝内收贴地，左转体，右臀部及右大腿坐地。同时，左腿向后上方画弧蹬出，勾紧脚尖，脚底向上。目视左脚。（图3-101）

图 3-101

4. 左旋体，使身体仰面躺地，左脚落地，两腿伸膝放平；同时，两臂弯曲、夹肘，两掌在两耳旁撑地。（图3-102）

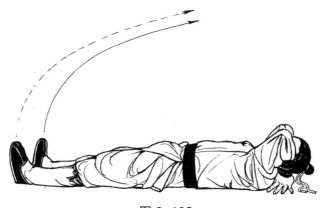

图 3-102

5.收腹屈体，两腿伸直向后上方举起，臀部上抬，以两手和肩背部支撑地面。随后快速展髋、挺腹，用力向上、向前、向下鞭打振摆；同时，两手用力推撑地面，伸髋挺腹。两腿继续加速下打，使两脚支撑点落在身体重心稍后侧。两脚一着地，即挺身立腰，抬头跟肩，两臂上举，两脚并步屈膝半蹲站稳。随之，两掌成蛇形手，右手向前刺出，高与眼平，左手护于右肘尖下侧，指尖向前斜下方。目视右手。（图 3-103、图 3-104）

图 3-103

图 3-104

二十一、灵蛇戏蟾

1.接上动。左脚跟提悬，脚尖点地，成左丁步。同时，左蛇形手弧形向前上戳出，高与喉平，右手下压，护于左肘尖下侧，指尖向前斜下方。目视左手。（图 3-105）

图 3-105

2. 左脚向前跨进一步，屈膝成左弓步。同时，右手标掌向前伸臂插出，高与肩平，左手下落，坐腕立掌，护于肘弯内侧，掌尖向上。目视右掌。（图3-106）

3. 重心移于右腿，左脚收步，两腿伸膝而立。同时，右臂屈肘向右侧后上方顶出，肘尖高与鼻平，左掌贴抵住右拳面。目视右肘尖。（图3-107）

4. 左脚收于右脚内侧，独立支撑全身；随之，右腿屈膝提起，大腿与腹平。同时，右拳向前上、向下画弧收抱于腰间，拳心向上，左掌向前上穿出，高与眼平，掌尖向上，掌心向内斜上方。目视左掌。（图3-108）

图 3-106

图 3-107

图 3-108

二十二、巨蟒摆尾

1. 接上动。左转体约 180 度，右脚落地踏实，左脚随转体悬跟提离，脚尖点地，两腿屈膝半蹲成左丁步。同时，上体前倾，收腹含胸团身，两手成拳下落于左膝前侧，两拳相并，拳心向上。目视两拳。（图3-109）

2. 左脚尖用力擦地向后、向上逆时针画弧撩腿，脚尖绷直，脚掌向前斜上方。同时，两拳在腹前变掌画弧分摆，左掌斜伸于左侧上方，掌尖向左斜下方，右掌伸于右侧，掌心向下，掌尖向右，上体向右倾斜与地面平行。目视左脚。（图3-110）

图 3-109

图 3-110

3. 左脚向左后侧画弧落地站稳，伸膝独立支撑身体平衡；右脚由右下方向前上方直线点腿，脚背绷直。同时，两掌向头顶方向伸臂合掌前刺，上体和双掌与地面平行。目视右脚。（图 3-111）

图 3-111

4. 右脚向下落步踏实，上体向右侧倾，左腿蹬伸提跟，脚前掌点地。同时，双手由头后方随体上升向上、向前、向下顺时针画弧前甩臂，右手高于头，左手在右腋下。成踏步甩臂势。目视体前下方。（图 3-112）

图 3-112

115

5. 动作不停。右脚踏地起跳，体腾空左转180度右合脚；左脚向左后方屈膝摆腿。同时，双手前下甩臂随体左转画弧摆掌，左掌在体前击响右脚掌，右掌斜伸臂于体后侧，高与肩平，掌心向下，掌尖向后。目视左掌。（图3-113）

图 3-113

6. 身体在空中继续左转180度，双脚落地屈膝踏实。同时，右手随体下落顺时针画弧劈掌于右侧方，约与腰同高，左手随体下落向左侧外摆按掌于左臀侧。目视右掌。（图3-114）

图 3-114

二十三、毒蛇射雕

1.接上动。左转体约180度,右腿蹬伸成左弓步。同时,右掌变蛇形手向前戳出,高与眼平,左掌上移护于右肘尖内侧下方,指尖向前斜下方。目视右手。(图3-115)

图 3-115

2.动作不停。左脚左外碾地45度微屈膝,右脚随左脚碾地向体前方进一步,脚前掌着地,左脚在右脚着地后提起向左上方蹬腿,右脚在左脚与肩高时踏地起跳,屈膝扣腿,脚背绷直,身体随之腾空。同时,双手随体腾空由体前向回、向下、向前上方顺时针画弧180度后左手前上冲拳,右手变掌向上,掌心贴左肘弯内侧。目视左脚。(图3-116)

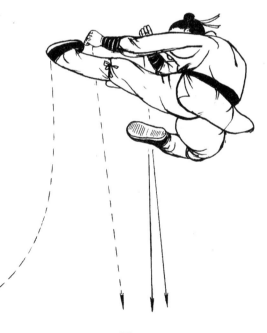

图 3-116

3. 右脚先落地，重心下沉，屈膝全蹲，左脚落地伸腿仆地，成左仆步。同时，两掌按于右脚内侧前。目视左侧方。（图3-117）

4. 起身向左，右脚向前踏落一步蹬跳起，左腿迅速上摆。同时，两臂摆向头前上方，右掌以掌背在额前击拍左掌心。目视前方。（图3-118）

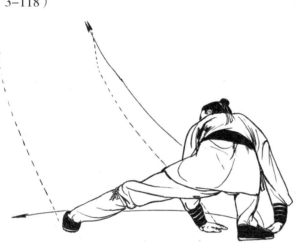

图 3-117

图 3-118

5. 动作不停。身体继续向上腾跃，右腿挺膝向前上方弹踢，脚面绷平，右掌快速击拍右脚面，要准确响亮。左手在击响时，摆至左侧上方变勾手，指尖向下，高过于头。同时，左腿屈膝收紧，使脚尖向下，脚背绷平，上体向前微倾。目视前方。（图3-119）

图 3-119

二十四、灵蛇探穴

1. 接上动。左脚先落地，随之右脚落地，重心右移，右腿屈膝半蹲，左腿沉跪，似骑龙步势。同时，两手随体落下画弧至胸前相合击掌，随之左右分开，左掌向左侧伸臂插出，高与乳平，虎口向上，掌尖向外，右掌斜伸于右侧，高与耳平，掌心向上，掌尖向外。目视左掌。（图3-120）

图 3-120

2. 左脚尖外展，重心移于左腿，膝部略屈，独立支撑身体。随之，右脚向前弹踢出，脚尖绷紧，高与裆部平。同时，右掌下收经腹前向左前方穿掌，高与腹平，掌心向上，左掌向上画弧盖掌，高与胸平，掌心向下，掌尖向右外侧方，两掌犹如抱球。目视右脚尖前方。（图3-121）

3. 右脚向前落步；随之，左脚尖外展，屈膝半蹲，右腿沉膝，脚跟提悬，脚前掌点地，成右跪步。同时，上体先左旋，继右转，右掌转腕向右下后侧方反臂穿掌，高与臀平，掌心向上，左掌护于右肩前，掌尖向上。目视右掌。（图3-122）

图 3-121
图 3-122

4.右脚跟外旋落地踏实，膝部上抬，屈膝半蹲，成右半马步。同时，右掌转腕向左至腹前向右前上方戳出，高与额平，成蛇形手，左掌下按护于右肘尖内侧下方，指尖向前斜下方。目视右手。（图3-123）

图 3-123

二十五、乌蛇沉海

1.两掌按向左脚内侧与裆前地面。同时，重心左移，左腿屈膝全蹲，右腿伸膝仆地成右仆步。目视右脚。（图3-124）

2.以左脚前掌为轴，右脚尖里扣，由右向前、向左贴地扫旋，至左脚前两手快速离地，左脚跳起放过右腿后落地。右腿继续向后，再向右绕体，直腿扫旋一周。（图3-125）

图 3-124   图 3-125

3. 身体与双掌同时右转翻身扑地，右脚回收，屈膝全蹲，两掌按于右脚尖前地面，左脚随身右转时贴地铲出，脚内弓贴地，脚底向外。目视左脚。（图3-126）

图 3-126

4. 动作不停。左腿回收，屈膝，全脚掌踏实；同时，右脚向前斜上方蹬击，高与面部平，脚尖勾紧，脚底向上。目视右脚。（图3-127）

图 3-127

5. 上体左转，仰身背部着地。随之团身向后滚翻，当头部着地时，两手撑地一推，两脚落地踏实，两腿略屈膝。目视地面。（图3-128）

图 3-128

6.两手用力撑地，两腿向上举起蹬直，身体成倒立状。（图 3-129）

7.双脚落地，身体立起；左腿提膝，脚背绷直，成右独立步。同时，左掌扣腕伸于左侧方，高与肩平，五指散开，掌尖向下，勾腕，虎口向外，右掌举臂上架于头顶亮掌，掌心向上，掌尖向左，臂成半弧状。目视左侧前方。（图 3-130）

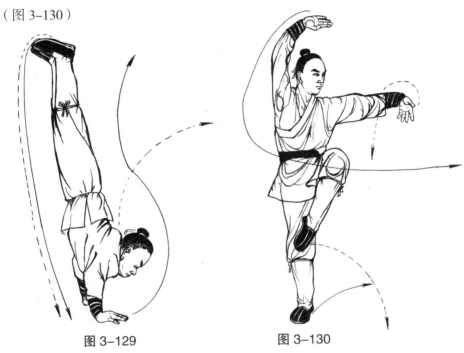

图 3-129　　　　　　　　　图 3-130

二十六、青蛇夺食

1.左脚向前落步，踏实，屈膝半蹲，右脚屈膝收扣于左膝后弯，沉身蹲成盘腿势。同时，右掌向外、向下、向左画弧经腹前前方穿出，高与胸平，左掌外旋腕画弧向内收护于肘弯内侧，掌尖向上，掌心贴臂。目视右掌。（图 3-131）

图 3-131

2.右脚向右后侧方落步，重心右移，屈膝深蹲，左腿伸直成左仆步；同时，两手交叉臂抱于胸腹前，两掌变蛇形指，左臂在里，左手位于右腋后侧，手心向上，指尖向右后斜上方，右臂在外，向左侧前伸，手心向上，指尖向前斜上方。目视右手。（图3-132）

图 3-132

3.右腿蹬伸，左腿屈膝半蹲，成左弓步。同时，左指向下、向左逆时针画弧至右颌侧，指尖向右外斜上方，右指逆时针画弧一周向左前穿指，高与腹平，手心向上，指尖向前斜上方。目视右手。（图3-133）

图 3-133

4.重心左移，上体右旋，成横裆步。同时，右指随转体内旋指画弧，穿至裆部前侧，指尖向右斜下方，手背向下，左指向左侧上画弧，屈臂举于左侧，高过头顶，指尖向上，手心向后。目视右脚。（图3-134）

图 3-134

5. 重心右移，右腿屈膝，左腿蹬伸，成右弓步。同时，右指内绕逆时针画弧向前伸臂点刺，高与下颌平，左手逆时针画弧向左后侧伸出，略低于肩，指尖向后，虎口向上。目视右指。（图3-135）

6. 右脚内收半步，重心左移，左腿屈膝向左跪地，脚跟提悬，脚前掌点地，左大腿及臀部坐于左小腿及脚跟之上，右腿略屈膝虚伸，成跪地右虚步。同时，右指向下逆时针画弧，至右胸前侧时变蛇形手，屈臂腕成蛇昂头势，高与头顶平，左手变蛇形手经左肩前画弧置于右腋前侧，指尖向前斜下方。目视右前方。（图3-136）

图3-135　　　　　　　　　　　　图3-136

二十七、双蛇出洞

1. 左脚跟落地踏实，右脚向左侧前方上进一步，屈膝成右弓步。随即两手下落至腰间时，握拳（蛇头手）向两侧一分，向前上弧形夹击，高与鼻平，两拳相距寸余，拳心相对。目视双拳。（图3-137）

图3-137

2. 右脚退步于左脚内侧落地踏实，左脚跟提悬，脚尖点地，两腿屈膝成左丁步。同时，两拳收抱于腰间。目视前方。（图3-138）

3. 动作不停。左脚向前跨出一步，屈膝成左弓步。同时，两拳向前冲出，左下右上，两拳心相对，右拳高与鼻平，左拳高与胸平。目视两拳中间。（图3-139）

图3-138   图3-139

4. 右脚向前一步，落于左脚内侧，脚尖点地，两腿屈膝半蹲，成右丁步。同时，右拳下落至与腹平继向上画弧，屈肘勾腕立于身前，高于头额部，拳如蛇昂头，左拳上挑内收画弧，置于右肋前侧、右后臂内侧下方，拳心向下。目视前方。（图3-140）

图3-140

二十八、双蛇搔巫

1. 右脚跟落地外旋踏实，伸膝起身，上体左转，左腿屈膝随转身向外旋摆提起，膝头高与胸平，上体向后倾斜。同时，左拳变掌随旋身向左后侧甩臂，高与腰平，掌心向下，掌尖向后斜下方，右拳屈臂横于左颌侧，拳心向下，肘臂抬平与肩同高。目视前上方。（图3–141）

图 3–141

2. 动作不停。右脚蹬地腾空而起，左脚由右向左弧形摆击，右脚借势由右向左横摆，身体下落，左腿微屈。右脚摆落于地，左腿与双手倒扑左侧地面。（图3–142）

3. 上身左倾。同时，右脚向左上方蹬击。（图3–143）

图 3–142　　　　　　　图 3–143

4. 动作不停。身体右转，两掌于身体两侧撑地，右脚向下勾屈；同时，左脚向头部上方蹬击。（图3-144）

5. 左脚向臀部勾屈；同时，右脚向头部右侧上方蹬击。（图3-145）

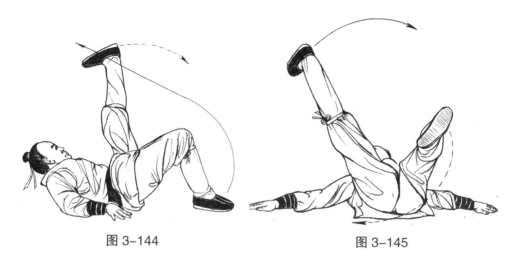

图3-144   图3-145

6. 身体微向右转，右脚扫向臀部勾屈；同时，左脚向头部前上方以脚尖弹击。随之，左脚向左下方画弧落在臀部下方勾屈，身体随势向左微转，右脚向胸前上方蹬击。（图3-146）

7. 身体平躺，左脚向上方蹬击，与右脚相并，尽量向上举起，将臀、腰提离地面。同时，两手按于头侧。（图3-147）

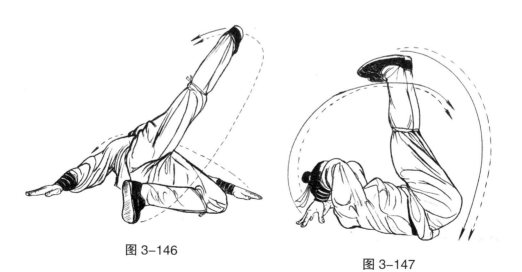

图3-146

图3-147

8.动作不停。两脚迅疾向前打地，上身挺腹，振摆而起，两脚并步，屈膝半蹲,弯腰倾体，两手相抱于膝前上侧。目视前下。（图3-148）

图 3-148

二十九、灵蛇观景

1.接上动。右脚向右后侧方退一大步，屈膝，左腿蹬伸，体右转成右弓步。同时,右肘随转身向右前方顶出，高与肩平；左掌心抵贴住右拳面。目视右前方。（图3-149）

2.右脚内收画弧一圈向前踏步，仍成右弓步。同时，两手变蛇形手，在胸前转腕向前上戳出，高约与头顶平，两手相并。目视前方。（图3-150）

图 3-149

图 3-150

3. 重心移于右腿，独立支撑全身，左腿屈膝向前上提起，高与胸平，绷紧脚背，脚尖向前斜下方，成右独立步。同时，两手自上向下，经体两侧向后甩于体后，成勾手，指尖向上。目视前方。（图 3-151）

4. 上体右转约180度，左脚随转身向前落步，屈膝半蹲，脚尖外展，右腿屈膝沉跪于左小腿近膝弯后侧，脚跟悬提，脚前掌着地，成歇步。同时，两手随转身分别向内画弧一圈，右勾手变蛇形手向前上方举臂点戳，有如蛇之举身昂头，左勾手变蛇形手护于右腋前侧，指尖向前斜下方。目视右手。（图 3-152）

图 3-151　　　　　　　　　　图 3-152

三十、白蛇吐芯

1. 接上动。左腿蹬地起身，独立支撑全身；右脚向前弹踢而出，高与腹平，脚尖绷紧。同时，右手下收变拳抱于腰间，左掌成标手前插，高与鼻平，虎口向上，掌尖向前斜上方。目视前方。（图 3-153）

图 3-153

2. 右脚向前落步，屈膝成右弓步。同时，右拳变掌随进身前伸，至体前时绕掌旋腕一圈向外格掌，高与右膝平，掌尖向下，掌棱向前，左掌向面前、向右下画弧穿掌于右腋下，掌心向下，掌尖向右外方。目视右掌。（图 3-154）

3. 左脚收步于右脚跟之际，上体左转，右脚向前上上进一步，脚尖外展，屈膝成右弓步。同时，右掌随进身向前、向上、向后画弧摆掌 360 度，斜伸臂于体后侧，高与腰平，掌心向下，掌尖向后，左掌转腕向前上方穿掌，高与头额平，掌心向上。目视左掌。（图 3-155）

图 3-154　　　　　　图 3-155

4. 重心移于右腿，独立支撑全身；左腿屈膝提起，上体略左旋。同时，右掌向前上方穿掌，高与头额平，掌心向上，左掌内收下压，护于右肩前侧，掌心向下，上体略右倾。目视右掌。（图 3-156）

图 3-156

5. 左脚向右前方跨落一步，屈膝，右脚悬跟，脚前掌着地，膝部略下沉，成左弓步。同时，上体前倾，右掌旋腕向前下插，高与鼻平，掌心向下，掌尖向前斜下方。目视右掌。（图3-157）

图 3-157

三十一、玄蛇盘龟

1. 接上动。上体右转约180度，随转体右脚跟内旋落地，左脚尖内扣，成左插步。同时，两掌随转体顺时针画弧，收至身前成抱球状，右掌托抱于腹前，左掌横臂于右肩前，掌心向下，头右转。目视右后侧方。（图3-158）

2. 左转体约180度，左腿屈膝，右腿蹬伸，成左弓步。同时，左掌随转身画弧摆掌，至左前方成蛇形手，高与头额平，掌心向下，掌尖向前，右掌斜伸臂于右后侧方，高与臀部平，掌心向下，掌尖向后斜下方。目视左前方。（图3-159）

图 3-158

图 3-159

131

3.动作不停。右脚离地向左前上方顺时针画弧摆腿，位于右下方，屈膝，左脚随右摆腿，脚前掌用力踏地起跳，向前上方顺时针画弧摆腿，位于左后下方，屈膝。身体随即腾空左后转90度。同时，左手向前、向左前上方、向回顺时针画弧上抡臂、穿掌，位于面门前，掌尖向上，掌心向左，高于头，屈肘，左手向上、向前、向下逆时针摆掌，击响右掌根及腕部内侧，贴腕。目视两掌。（图3-160）

4.身体由空中下落，右脚着地全蹲踏实。左脚在右脚落地后，随即下落，向右脚后方外侧叉一步，屈膝，脚跟抬起，脚前掌着地，右臀坐于左小腿上成歇步。同时，右掌随体下落，向下画弧插掌，位于右侧外下方，高与左脚跟平，直臂，左掌位于右肩前，掌心向下，屈肘。目视右掌。（图3-161）

图3-160   图3-161

三十二、青蛇走雾

1.上体左转，左脚跟落地蹬伸，右脚尖内旋，屈膝成右弓步。同时，右掌收于胸前与左掌相合之际，两手向下画弧变勾手，反伸臂于体后侧方，高与臀部平，指尖向上，伸颈昂首。目视前方。（图3-162）

2. 双脚前掌左外碾地约 30 度。同时，两勾手随体前俯逆时针画弧摆臂，位于体后侧直臂，手背向上，头面俯于右膝内侧方。目视地面。（图 3-163）

图 3-162   图 3-163

3. 动作不停。双脚掌左外碾地约 120 度，成左弓步。同时，挺胸收腹抬头，由右向左伸颈昂首，两勾手随转体逆时针在体后画弧摆勾，位于体后直臂，指尖向上。目视前方。（图 3-164）

4. 重心右移，右腿独立支撑身体，左腿屈膝提起，脚背绷直，位于左下方。同时，左勾手变掌，外旋手腕约 270 度，向上、向前、向下经左腿外，向后、向上画立弧约 360 度搂手，随即变勾手，直臂，位于左侧后上方，勾尖向上，右手随提膝独立，向右后上方勾手，位于右后上方，勾尖向上。目视左侧前方。（图 3-165）

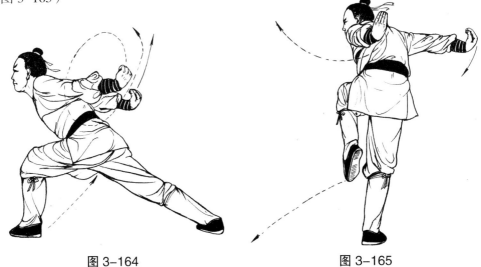

图 3-164   图 3-165

5. 左脚向左前方落步，屈膝，右腿蹬伸，成左弓步。同时，左勾手变掌收回左腰间，再由左腰间向左侧方标掌插出，虎口向上，高与鼻平，右勾手随左标掌向下带臂，位于右侧后方，指尖向上，直臂。目视左掌。（图3-166）

6. 重心右移，两脚右外碾地约90度，成右弓步。同时，左掌由左前方向上、过头顶，再向右下方顺时针画弧盖掌，位于右前方，高与腹平，右勾手变掌，向回顺时针画弧穿掌，位于左腕上侧，虎口向上，掌尖向前。目视右掌。（图3-167）

图 3-166   图 3-167

7. 重心落于右腿，膝部略屈独立支撑全身，左脚向右膝内侧上方提起扫出，高与腹平。同时，右掌向里画弧摆掌，位于左脚踝关节内侧，虎口向上，左掌向左侧后方顺时针画弧勾手，高与腰平，指尖向上。目视右掌。（图3-168）

图 3-168

8. 左脚向前收落步，屈膝成左弓步。同时，右掌回收，继随落步向前插出，高与肩平，掌心向下，左勾手置于体后不变。目视右掌。（图3-169）

9. 左脚提起逆时针弧形向右脚内侧上方进一步，成左弓步。同时，左勾手旋腕变掌，向前经左腰侧再向里画弧穿掌，位于身体右前，掌心向上，左臂屈肘，右掌外旋腕，向里摆掌，位于左前臂内侧，掌心向上，两小臂交叉。目视两掌。（图3-170）

图 3-169

10. 重心移于左腿，独立支撑全身；右脚提起至左膝内侧，向前弹出，高与胸平；同时，双掌在体前顺时针画弧约360度，抢臂、摆掌。左手画弧约360度后随右弹腿沿右腿上面前穿，位于右踝关节内侧，虎口向上，掌尖向前，右手画弧360度后向右后方勾手，高与臀部平，指尖向上，直臂。目视左掌。（图3-171）

图 3-170　　　　　　　　图 3-171

11. 右脚向前收落步，屈膝成右弓步。同时，左掌回收，继随落步向前插出，高与肩平，掌心向上，右勾手置于体后不变。目视左掌。（图3-172）

图 3-172

三十三、灵蛇飞天

1. 接上动。左转身约180度，左脚跟向后旋转，右脚向前迈出一大步，脚跟蹬地，脚尖上翘。同时，两手随转体画弧摆掌于头前上方，掌心向前。目视前方。（图3-173）

2. 动作不停。右脚前掌落地提跟蹬力，左脚伸腿向前上方踢出，使身体腾空。（图3-174）

图 3-173　　　　　　　　　图 3-174

3.紧接着，右腿向前上踢出，左腿向后撩出，在空中劈腿成一字马。同时，右臂上举，右掌举于头部右侧上方，掌尖向上，掌心向外，左臂前伸，左掌高与肩平，掌心向下。目视前方。（图3-175）

图 3-175

4.右脚先落地踏实，右腿屈膝；左脚随之落地，膝盖下沉跪地，脚跟提悬，脚前掌着地。同时，双掌经体前下落，至腹部之际，右掌变蛇形手向前上点戳出，高与头额平，屈肘勾腕有如蛇昂头势，左手护于右肘尖下侧，指尖向前下方。目视前方。（图3-176）

图 3-176

三十四、白蛇拜佛

1. 接上动。重心移于右腿，独立支撑身体，左腿屈膝提起，脚背绷直，脚底贴在右大腿近膝部，成右独立步。同时，左掌沿体前上穿，臂掌伸直，掌尖向上，掌心向右，右掌屈臂置于胸前，掌尖向上，掌心向左。目视前上方。（图 3-177）

2. 重心下沉，右腿屈膝半蹲，左腿踝关节外侧盘放在右大腿膝部上方。左掌沿面前下落，与右掌合十于胸前。目视前方。（图 3-178）

3. 左脚向左侧方提落一大步，上体左转，左腿屈膝，成左弓步。同时，双掌合十随转体向左侧插掌，高与眼平。目视双掌。（图 3-179）

图 3-177

图 3-178

图 3-179

4.右脚收步于左脚跟；同时，双掌下收至腹前。动作不停，迅疾将右脚向右侧方跨出一步，上体右转，屈膝成右弓步，上体向右倾斜，两掌插向右前方，高与鼻平。目视双掌。（图3-180）

图 3-180

三十五、蛇行八步

1.接上动。左脚经右脚侧向右内侧前方弧形绕进一步，两膝相扭，屈膝。同时，左掌转腕前穿，高与颌平，掌心向上，左臂屈肘，肘尖高与胸平，右掌向内按下，护于左肘尖下侧方，掌心向下，掌尖向前斜下方。目视前方。（图3-181）

2.右脚向前绕进一步，脚尖内扣，两腿屈膝，成扭步。同时，左掌转腕弧形下按至与腹平，掌心向下，掌尖向右，右掌旋腕前穿，高与胸平，掌心向上，掌尖向前斜上方。目视右掌。（图3-182）

图 3-181

图 3-182

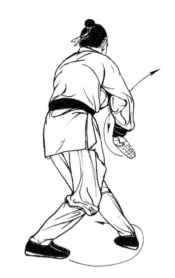

3.左脚向前绕进一步，脚尖外展，
两腿扭步。同时，右掌转腕掌尖向内、
向下、向外穿转半弧，高与大腿平，
掌尖向右外斜下方，掌心对右肘尖，
左掌上转，护于右后臂内侧方，掌心
向右斜上方，掌尖向右斜前方。目视
右前下方。（图3-183）

图 3-183

4.右脚向前绕进一步，两膝相扭；左脚跟提悬，脚前掌着地。同时，右
掌经腋下转掌画弧向前上穿，屈肘直腕，高与鼻平，掌尖向右外侧斜上方，
掌心对面部，左掌下按，位于右肘尖下侧方。目视右掌。（图3-184）

5.左脚向前绕进一步，右转体，两膝内扣，成钳阳势。同时，右掌直臂
下穿至左膝外侧上方，掌尖向下，掌心向右，左掌向上画弧，屈肘立掌于面
部前方，掌尖向上，掌心向前。目视前方。（图3-185）

图 3-184

图 3-185

6.右脚向前弧形绕步，脚尖外展，成扭步。同时，上体右转，右掌向右侧上方穿掌，高与颌平，掌心向上，掌尖向前斜上方，右臂屈肘，肘尖与右肋平；左掌弧形下按，位于右肘下侧方，略低于腰，掌心向下，掌尖向右后斜方。目视右掌。（图3-186）

7.左脚向前弧形绕进一步，两膝、两脚尖内扣，立上身，左转成侧身势。同时，左掌向前上画弧点刺，成蛇形手，屈腕折掌如蛇昂头势，高过头顶，右掌成蛇形手护于左肋前，掌心向下，掌尖向左。目视左前方。（图3-187）

图 3-186

图 3-187

8.右脚向前弧形绕进一步，脚尖外展，两膝相扭；左脚跟提悬，脚前掌着地。同时，右转体，右蛇形手向右侧上方画弧刺出，屈臂勾腕似蛇昂头，高与头额平，左蛇形手向右侧弧形下按，位于右后臂内侧下方，高与肋平。目视右手前方。（图3-188）

图 3-188

三十六、灵蛇归洞

1. 接上动。左脚绕步至右
脚内侧，右脚尖外展，两脚并
步，屈膝下蹲，臀部下沉。随之，
两掌向下、向左右分开，伸臂，
掌心向下，掌尖向外，高与腰平。
目视前下方。（图 3-189）

图 3-189

2. 动作不停，上身波浪形上升，两掌随起身柔和地以波浪形抖动上举，
直至伸臂举于头顶上方，两掌距离宽于肩，两手成蛇形手。仰面，目视前上方。
（图 3-190）

3. 两手向头顶合拢，掌指背相贴，掌尖向下。仰面，目视双手。（图 3-191）

图 3-190

图 3-191

4. 两腿屈膝下蹲。同时，两掌沿体前下落至两膝前，虎口贴住两膝交接处；低头。目视双手。（图3-192）

5. 起身直立；同时，两掌分开上收，握拳收抱于腰间。目视正前方。（图3-193）

图 3-192

6. 左脚向前半步，脚尖虚点地面，重心移于右腿，屈膝成左虚步。同时，右拳、左掌自腰间上提，至胸前以抱拳势向前推移而出，高与胸平。目视前方。（图3-194）

图 3-193

图 3-194

7.左脚退步，与右脚并步，正身直立。同时，右拳变掌，与左掌一齐向两侧分展伸开，挺腕竖掌，掌心向外。目视前方。（图3-195）

8.两掌下落于体侧，全身放松，调匀呼吸。收势。（图3-196）

图 3-195

图 3-196

第四章　秘传金蛇打穴手

蛇拳歌诀曰："上戳咽喉下插裆，左右两肋中胸膛；双目耳门两太阳，后脑背脊至长强。"

蛇拳技击，奇门难测，手法特异，常以掌尖为攻击利器，着点小，穿透力强，击距长，变化多，令人防不胜防；多加修习，护身制敌只在举手投足之间。

本章首次把师承"金蛇打穴二十四手"披露出来，谨供同道参考练习，并祝诸位学有所成。

二十四穴位见图4-1、图4-2。

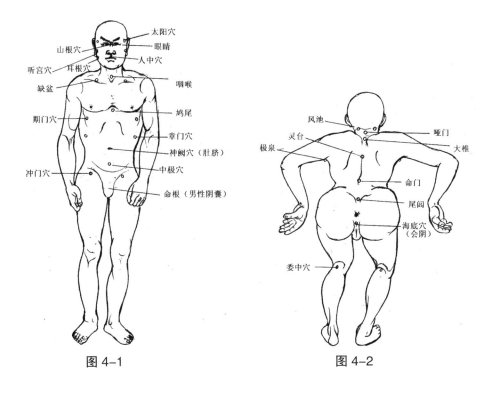

图 4-1　　　　　　　　　　图 4-2

一、双蛇抢珠取双眼

1. 敌我对峙。（图4-3，左为我方）

图 4-3

2. 敌方滑步进身，右拳击打我方面部。我方右脚向后退步，左掌内旋格敌右前臂近肘部外侧，并向下旋压推阻，截住敌拳的攻击。（图4-4）

图 4-4

3. 动作不停，我方左脚前冲步于敌方右腿后侧，左掌向前下推，同时以右掌掌根为力点托击敌下巴。（图4-5）

4. 趁敌仰面之际，我方右手勾腕，以蛇芯指刺敌双目，重创敌方。（图4-6）

图 4-5　　　　　　　　　　图 4-6

二、白蛇盗芝打山根

1. 敌我对峙。（图4-7）

图 4-7

2. 敌方滑步进身，右拳击打我方面部。我方旋左臂格敌右前臂外侧之际，右脚踩击敌冲上来的右膝盖。（图4-8）

3. 趁敌腿受伤佝身，我方左掌贴住敌右前臂下压，右掌成蛇形手戳击敌鼻梁山根穴。（图4-9）

图 4-8   图 4-9

三、双蛇戏水人中穴

1. 敌我对峙。（图4-10）

图 4-10

2. 敌方滑步进身，右拳击打我方面部。我方右脚向右外侧方摆步，右手弧形上划，拦格敌右前臂外侧，阻截住敌拳的攻击。（图4-11）

图 4-11

3. 动作不停，我方右手向外旋压敌臂，前滑步，左掌插击敌面部人中穴。（图4-12）

4. 敌方收步仰身，避过我左掌攻击。我方右脚迅速跨进一步，右手蛇形指连环点击敌面部人中穴，重创敌方。（图4-13）

图 4-12   图 4-13

四、青蛇摇头太阳门

1.敌我对峙。（图4-14）

图 4-14

2.敌方左垫步进身，右弹腿踢我方胸或腹部。我方左脚向后一步，避过敌脚锋芒之际，左掌切击敌右小腿前胫或踝关节。（图4-15）

图 4-15

3. 敌方顺势落步，冲出左拳攻向我方面部。我方右脚向后撤退一步，左手上划，用左前臂格敌左肘臂外侧，将其手臂向外旋推开。（图4-16）

图 4-16

4. 动作不停，我方左掌贴住敌左臂下压，右标手戳击敌面部左侧太阳穴。（图4-17）

图 4-17

五、双蛇出洞击听宫

1.敌我对峙。（图4-18）

图4-18

2.我方穿步进身，两手成蛇头手，左下右上，同时攻击敌面部及胸口。敌方收步仰身，避过我双拳。（图4-19）

图4-19

3. 我方右脚迅速跨上一步，逼近敌身，两手向外一分，迅疾向前夹击敌耳前听宫穴。（图 4–20）

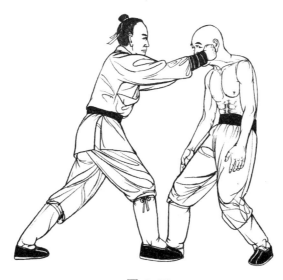

图 4–20

六、毒蛇扫林点耳根

1. 敌我对峙。（图 4–21）

图 4–21

2.敌方滑步进身，左拳击打我方面部。我方两脚略后滑步，上体略右偏，避敌左拳锋芒之际，右掌向上画弧拦手，用掌棱格击敌左后臂外侧。（图 4-22）

图 4-22

3.动作不停，我右掌贴住敌左臂向内、向下画弧压落，使敌上体前倾之际，我左手蛇形指点击敌左侧耳根穴。（图 4-23）

图 4-23

七、白蛇吐芯插咽喉

1. 敌我对峙。（图 4–24）

图 4–24

2. 敌方右脚踏前一步，左腿横踢我右侧腰部。我方后滑步之际，右臂下划，格阻敌方左小腿内侧，阻截住敌腿的攻击。（图 4–25）

图 4–25

3.动作不停,我方不等敌收腿,迅速前滑步进身,右掌上穿,戳击敌方咽喉。（图4-26）

4.我方右掌贴着敌咽喉旋转,抖劲下插,沾身连发,彻底制服敌方。（图4-27）

图 4-26   图 4-27

八、大蟒昂首扣缺盆

1. 敌我对峙。（图4-28）

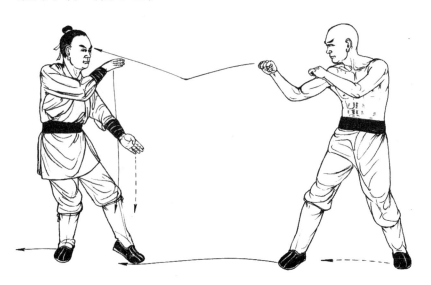

图 4-28

2. 敌方垫步进身，右拳摆击我方头部。我方见敌来势凶猛，右脚向后方撤退一大步，屈膝全蹲成左仆步，避过敌拳的攻击。（图4-29）

图 4-29

3. 动作不停，我方趁敌收拳，迅速起身，两掌变蛇牙手挖敌缺盆。（图4-30）
4. 我方迅速跟步，扣指发力，抖击敌两根锁骨而折伤之。（图4-31）

图 4-30　　　　　　　　　　　　　图 4-31

九、白蛇缠住打鸠尾

1. 敌我对峙。（图4-32）

图4-32

2. 敌滑步进身，右拳击打我方面部。我方左脚向后退一步，迅疾上划右掌，拦格于敌方右前臂外侧，阻截住敌拳的攻击。（图4-33）

图4-33

3. 动作不停，我方右手贴住敌臂旋指扣敌腕向右下拽，左掌左臂助力旋压，将敌方右手拉至我右腰间，使敌上体前倾。（图4-34）

4. 我方借敌前倾之际，右手成标掌插击敌胸口鸠尾穴。（图4-35）

图4-34　　　　　　　　　　　　　　　　图4-35

十、白蛇拜佛击期门

1. 敌我对峙。（图4-36）

图4-36

2. 敌方滑步进身，右拳击打我方面部。我方右脚向后撤退一步，上体向左避让，两掌合十，从左下向上格敌右前臂外侧，使敌拳攻击落空。（图 4-37）

图 4-37

3. 动作不停，我方合十掌之掌棱贴住敌右臂下压前绕，顺势插击敌右胁期门穴。（图 4-38）

图 4-38

十一、青蛇吞象戳极泉

1. 敌我对峙。（图 4-39）

图 4-39

2. 敌左垫步进身，右拳击打我方面部。我方右脚向后弧形退步，同时，双手上扬合抱敌肘部或前臂，阻截住敌拳的攻击。（图 4-40）

图 4-40

161

3. 我方前滑步，右手贴住敌前臂下收，扣住其腕部，并向上提劲，左手顺着敌臂前穿，戳击敌腋部极泉穴。（图 4-41）

4. 在敌受击而半身麻木之际，我右掌向前斜劈敌左颈，彻底重创敌人。（图 4-42）

图 4-41　　　　　　　　　　　　　　图 4-42

十二、乌蛇弄风插神阙

1. 敌我对峙。（图 4-43）

图 4-43

2. 敌滑步进身，右拳击打我方头部。我方右脚退一步，左臂内裹，格敌右前臂外侧，将敌拳臂压制。（图4-44）

图 4-44

3. 我方左脚前移步，将身向前推进之际，右标手插击敌腹部神阙穴。（图4-45）

4. 敌受创退身之际，我方紧跟而上，左掌再度插击敌神阙穴。（图4-46）

图 4-45   图 4-46

十三、白蟒横渡击章门

1. 敌我对峙。（图4-47）

图 4-47

2. 敌左垫步进身，右脚弹踢我方裆部。我方左脚向后撤退一步，避过敌腿撩裆，同时右手前下插，以右前臂外侧格阻敌右小腿外侧。（图4-48）

图 4-48

3.我方右手绕腕，兜住敌方右小腿，左掌伸臂插击敌方右侧章门穴。敌方收腹避过我锋芒。（图4-49）

4.动作不停，我方右手放弃敌腿，旋掌前插敌右腹侧章门穴。（图4-50）

图4-49　　　　　　　　　　　　　图4-50

十四、盘蛇击虎点中极

1.敌我对峙。（图4-51）

图4-51

165

2.敌方滑步进身，右拳击打我方面部。我方左脚撤退一步，屈膝下蹲成歇步，避过敌拳之际，右手旋腕前插敌小腹中极穴。（图4-52）

3.动作不停，左标手紧跟而出，再度点插敌中极穴。（图4-53）

图4-52　　　　　　　　　　　　　图4-53

十五、灵蛇探穴搜命根

1.敌我对峙。（图4-54）

图4-54

2. 我方左脚向前跨进一步，接近敌方之际，右脚撩踢敌方裆部。敌方收腹藏裆，避过我方右搜裆腿。（图4-55）

3. 我方右脚向前落步，左扭身跪地，右掌反穿，戳击敌裆部。（图4-56）

图4-55　　　　　　　　　　　　　　　图4-56

4. 动作不停，右转身，右掌蛇摇头，再度插击敌裆部，彻底重创敌人。（图4-57）

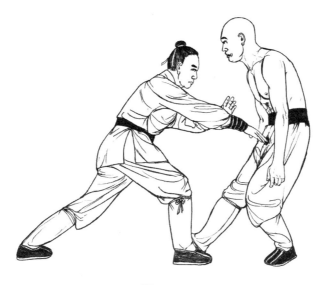

图4-57

十六、青蛇夺食击冲门

1.敌我对峙。（图4-58）

图 4-58

2.敌方左垫步进身，右腿蹬击我方面部。我方右脚向左脚后侧绕退一步，下沉身左仆步避过敌腿的蹬击。（图4-59）

图 4-59

3. 我方在敌腿旧力略过，新力未生之际，左手向上划拦敌右腿内侧，同时右掌前插，击敌左大腿根之冲门穴。（图 4-60）

图 4-60

十七、青蛇穿涧插海底

1. 敌我对峙。（图 4-61）

图 4-61

2.敌方左垫步进身，高端腿攻击我方面部。我方左脚贴地向前滑，俯身成一字腿，避过敌腿的攻击。（图 4-62）

图 4-62

3.我方迅疾右翻身仰躺，两掌撑地，左脚落平，右腿向上蹬踢敌臀部。（图 4-63）

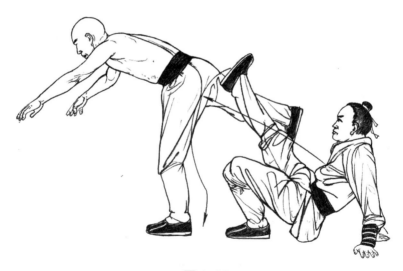

图 4-63

4. 趁敌前扑，我方右脚落地起身，右掌插击敌肛下海底穴。（图 4-64）

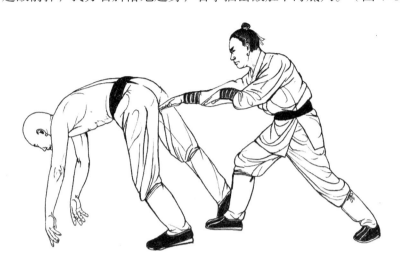

图 4-64

十八、灵蛇盘龙点委中

1. 敌我对峙。（图 4-65）

图 4-65

2. 敌方右脚跨前一步，左回身腿踢击我方头部左侧。我方迅疾沉身，右腿后伸，两手下落按于地面，避过敌腿的踢击。（图4-66）

图 4-66

3. 不等敌腿变势，我方右脚迅速收步前移身，右标掌点击敌右腿弯之委中穴。（图4-67）

图 4-67

十九、蛇行八步击尾闾

1. 敌我对峙。（图4-68）

图4-68

2. 敌方滑步进身，右拳击打我方面部。我方右脚向敌右腿后侧绕进一步，右手上扬，格阻敌方右前臂外侧，并向外推。（图4-69）

图4-69

3.动作不停，我方左脚紧随绕步，上进至敌身后，同时左标手插击敌尾闾穴。（图4-70）

图 4-70

4.右插手紧随而出，再度插击敌尾闾穴。（图4-71）

图 4-71

二十、青蛇走雾击命门

1. 敌我对峙。（图 4-72）

图 4-72

2. 敌方右脚跨前一步，左脚蹬击我方胸部。我方左脚后撤步，左转身，提起右脚蹬击敌左膝部外侧，致敌身右旋。（图 4-73）

图 4-73

3. 我方右脚顺势向前踏落，左标手插击敌腰部命门穴。（图 4-74）

4. 动作不停，右蛇形手紧跟而出，连环插击敌命门穴。（图 4-75）

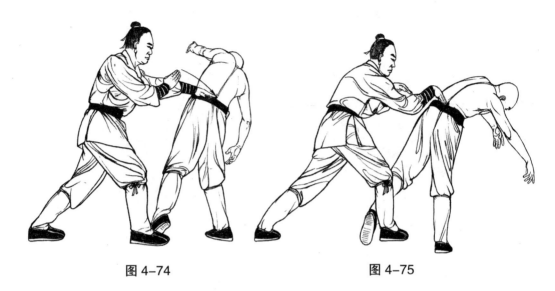

图 4-74   图 4-75

二十一、灵蛇戏鹰点灵台

1. 敌我对峙。（图 4-76）

图 4-76

2. 敌方滑步进身，左拳击打我方面部。我方左脚内绕一步，避敌拳锋芒之际，左手上抬，用左前臂外侧拦格敌左前臂外侧，使敌上体右旋。（图4-77）

图 4-77

3. 动作不停，我方迅疾提起右脚蹬击敌左肩背后侧，将敌方打个转身。（图4-78）

4. 我方右脚顺势向前落步，右拳变蛇形手，点击敌后背灵台穴。（图4-79）

图 4-78　　　　　　　　　　　　　图 4-79

二十二、金蛇响尾插风池

1. 敌我对峙。（图 4-80）

图 4-80

2. 敌方滑步进身，右拳击打我方面部。我方左脚尖内旋，上体右转，右脚向后撩踢迎击敌人。（图 4-81）

图 4-81

3. 敌方右偏身避躲我右腿。我方右脚向左落地，迅起左腿撩踢，使敌背身。（图 4-82）

4. 我方左脚向左旋落，右脚上步，右蛇形手点插敌脑后风池穴。（图 4-83）

图 4-82　　　　　　　　　　　　　　图 4-83

二十三、灵蛇戏蟾打哑门

1. 敌我对峙。（图 4-84）

图 4-84

2.敌方滑步进身，右拳击打我方面部。我方迅疾左垫步，左偏身，右脚向敌右侧身后跨出一大步，避过敌方右拳。（图4-85）

图4-85

3.避过敌拳之瞬间，我方迅疾回身，右肘倒撞敌后背。（图4-86）

4.敌向前扑身。我方迅疾左转身，右蛇形手点打敌脑后哑门穴。（图4-87）

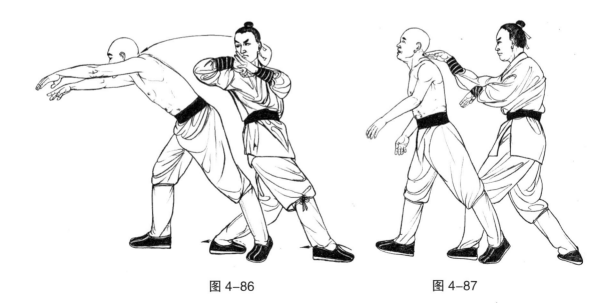

图4-86   图4-87

二十四、灵蛇观景击大椎

1. 敌我对峙。（图 4-88）

图 4-88

2. 敌方左垫步进身，右腿蹬击我方面部。我方左脚向左闪步，避过敌腿踢击，右脚向前一步，进到敌方身后。（图 4-89）

图 4-89

3.我方右旋身，左脚前跨，右肘倒打敌后背，致敌向前扑出。（图4-90）
4.动作不停，我方右拳前翻变蛇形手，插击敌大椎穴。（图4-91）

图4-90

图4-91

第五章 蛇拳真传技击法

蛇拳是中国象形拳的奇门绝技，"软硬兼具，变化多端；指能穿板，脚能断砖；动招出手，闪电一般；打穴击要，敌瞬伤瘫"。

本章专讲内家蛇形拳之真传技击法，挑选蛇拳实战绝招，以供同道学习参考。但鉴于蛇拳的高度杀伤力，读者一旦练成，非遇极困不得轻用！切记！

一、青蛇出洞

1. 敌我对峙。（图5-1，左为我方）

图 5-1

2.敌方左垫步进身，左拳击打我方面部。我方右脚向后方撤退一步，同时，左掌上挑，格敌左前臂近肘部外侧，并向外推，化敌拳劲。（图5-2）

3.动作不停，右掌前插敌左肋。（图5-3）

图 5-2

图 5-3

4.紧接上动，我方不等敌方退避，左脚向外闪步，右脚勾踢敌方左脚跟。连环两击，致敌倒仆。（图5-4）

图5-4

二、白蛇转身

1.敌我对峙。（图5-5）

图5-5

185

2.敌方左垫步进身，左拳击打我方面部。我方左脚向后退步，右掌前上裹旋，以掌棱格敌左肘关节后侧，化掉敌拳攻击力。（图5-6）

图 5-6

3.动作不停，我方右脚前移，左旋体回身，右掌向下穿插敌方裆部。（图5-7）

4.紧接上动，右转身，左掌插击敌方咽喉。两次重击，致敌重伤。（图5-8）

图 5-7   图 5-8

三、青蛇归洞

1. 敌我对峙。（图5-9）

图5-9

2. 敌方左脚盖步，右低边腿踢击我方左膝弯。我方迅疾后滑步，避过敌腿踢击。（图5-10）

图5-10

3.动作不停,我方避过敌腿瞬间,右垫步,左弹腿踢击敌方裆部。(图5-11)

4.敌方裆部受击,躬身收裆。我方左脚落步,双掌相并,一齐向敌咽喉插击,重创敌方。(图5-12)

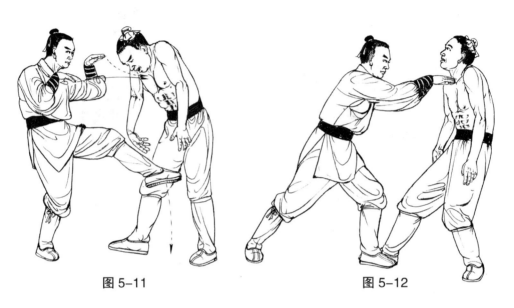

图5-11   图5-12

四、白蟒拦路

1.敌我对峙。(图5-13)

图5-13

2.敌方左垫步进身，右踹腿踢击我方腰腹。我方右脚迅疾退步，左膝跪地沉身，左掌内裹，格敌右小腿外侧，将敌攻击力化向一边。（图5-14）

图5-14

3.动作不停，我方右旋身，右腿擦地后扫敌左脚跟，将敌扫倒在地。（图5-15）

图5-15

五、青蛇探路

1. 敌我对峙。（图 5-16）

图 5-16

2. 敌方左垫步进身，右拳击打我方面部。我方将身下沉，右膝跪地，且避且击，右掌插敌裆部。（图 5-17）

图 5-17

3. 左掌紧跟而出，再度插击敌方裆部。（图 5-18）

4. 乘敌裆部受到两次连击而躬身之际，我方双掌上搂其肩或颈部，向我怀内拉拢，同时，右膝猛然提起，撞击敌胸或腹部，致敌重伤。（图 5-19）

图 5-18   图 5-19

六、灵蛇巡山

1. 敌我对峙。（图 5-20）

图 5-20

2. 敌方右脚前移，左脚前跨，左拳击打我方面部。我方右脚向外绕步侧闪，避过敌拳锋芒，同时，左掌反划，掌棱拦击敌肘外侧。（图5-21）

3. 动作不停，右脚弧形向前上步于敌左后侧，同时，右掌插击敌方后脑部。继抖劲震击，将敌打倒于地。（图5-22）

图 5-21   图 5-22

七、灵蛇伸腰

1. 敌我对峙。（图5-23）

图 5-23

2.敌方左垫步进身，右拳击打我方面部。我方不退反进，左脚向前外闪上步，右膝跪地沉身，右掌前插，迎击敌方右腋。（图5-24）

图 5-24

3.动作不停，我方继向敌右侧绕进，至敌身后，随即右回身，右掌反插敌方左腋。（图5-25）

图 5-25

八、青蛇昂首

1.敌我对峙。（图5-26）

图 5-26

2.敌方左垫步进身，右拳击打我方面部。我方双掌旋转接住敌右拳臂，随即右膝前撞敌右肋。（图5-27）

3.动作不停，我方右手松开敌腕，标掌前插敌方咽喉。（图5-28）

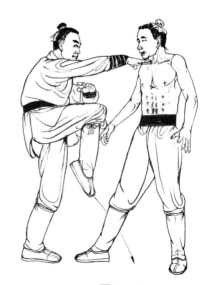

图 5-27

图 5-28

4.我方右脚向敌右腿外侧后落步,同时,用右胯外侧靠击敌右大腿,将敌撞翻。(图5-29)

图 5-29

九、白蛇盗丹

1.敌我对峙。(图5-30)

图 5-30

2. 敌方滑步进身，右拳击打我方面部。我方沉住身躯，两掌上提，用右掌棱格敌右前臂外侧，化去敌方攻击劲力。（图5-31）

图 5-31

3. 动作不停，我方右掌贴住敌右臂前绕，插击敌方咽喉。（图5-32）

4. 我方跟踪追击，右脚迅疾弹踢敌方裆部，致其重伤。（图5-33）

图 5-32   图 5-33

十、毒蛇打穴

1，敌我对峙。（图 5-34）

图 5-34

2.敌左垫步进身，右腿正蹬我方面部。我方见敌来势凶猛，右脚向后退步，左脚向外闪步，沉身避过敌腿。（图 5-35）

图 5-35

3.我方避敌锋芒之际，右掌迅疾从下向上穿击敌方裆部，致敌剧痛而仰身跌出。（图5-36）

图 5-36

十一、青蛇斗蟾

1.敌我对峙。（图5-37）

图 5-37

2. 敌方左脚盖步，两手按地，右腿扫踢我方左小腿。我方左腿迅疾屈膝提起，避过敌腿扫踢。（图5-38）

图 5-38

3. 不等敌腿收退，我方左脚极速下落，踩击敌膝外侧。（图5-39）

图 5-39

4. 我方踩住敌腿不放,前俯身,右掌下插敌后颈。(图5-40)

图 5-40

十二、银蛇缠柱

1. 敌我对峙。(图5-41)

图 5-41

2.敌方右脚前移,左脚前跨,左拳击打我方面部。我方右脚后移,左掌上挑,格于敌方左前臂外侧,化解敌拳攻击。（图5-42）

图 5-42

3.动作不停,我方右脚迅疾上步于敌方左侧身后,右掌前穿,绕过敌方面部前侧,向后圈臂缠住敌方头颈,令其窒息。（图5-43）

图 5-43

十三、青蛇摇尾

1. 敌我对峙。（图 5-44）

图 5-44

2. 敌方滑步进身，右掌击打我方面部。我方迎击，右脚前踩，踢敌右膝，阻截敌方进攻。（图 5-45）

图 5-45

3.动作不停，我方右脚一收即发，迅疾踹击敌方裆部。（图5-46）

4.不等敌退，我方右脚向前落步，双掌变蛇头手，一齐击向敌方腹部，将敌重创。（图5-47）

图5-46　　　　　　　　　　　　　　　　图5-47

十四、灵蛇卷草

1.敌我对峙。（图5-48）

图5-48

2. 敌方左垫步进身，右脚踹击我方小腹或裆部。我方左脚后撤一步，右掌向下旋转，接住敌方右脚跟。（图 5-49）

图 5-49

3. 动作不停，我方左手下落，协助右手兜抱敌右小腿，同时，左脚踹击敌左膝弯。（图 5-50）

图 5-50

4.我方左脚落地,上体右旋,将敌拧翻在地。(图 5-51)

图 5-51

十五、盘蛇追风

1.敌我对峙。(图 5-52)

图 5-52

2. 敌方滑步进身，右拳击打我方面部。我方迅疾右旋转身成歇步，同时，右掌插击敌方裆部。（图5-53）

3. 动作不停，我方左转起身，左掌插击敌方前胸或心窝。（图5-54）

图5-53   图5-54

4. 我方右手紧跟而出，再度插击，完胜敌方。（图5-55）

图5-55

十六、白蛇抖尾

1. 敌我对峙。（图 5-56）

图 5-56

2. 我方主动进攻，左脚前移步，右旋身，右腿踹敌右膝。敌方收步仰身，避过我方踹腿。（图 5-57）

图 5-57

3.我方右脚顺势向前落步，左脚向后撩踢敌方裆部。（图 5-58）

4.动作不停，左旋身，左脚落地，右鞭腿扫踢敌方左肋。（图 5-59）

图 5-58　　　　　　　　　　图 5-59

5.我方右脚顺势落地，左掌向前发力，横扫敌左颈部大动脉，致敌重伤。
（图 5-60）

图 5-60